Gelehrtenbriefe an den Mongolisten
Bernhard Jülg (1825–1886)

Hartmut Walravens

Die Umschlagillustration zeigt Bernhard Jülg,
Professor für Klassische Philologie an der Universität Innsbruck

ISBN 978-3-7562-3916-0
© 2022 by H. Walravens

Die Deutsche Nationalbibliothek verzeichnet diese Publikation in der
Deutschen Nationalbibliografie; detaillierte bibliografische Daten sind im
Internet über *dnb.dnb.de* abrufbar.

Herstellung und Verlag: BoD – Books on Demand, Norderstedt

Inhalt

Fundstellen der Briefe

Die Briefe befinden sich sämtlich in der Handschriftenabteilung der Österreichischen Nationalbibliothek in Wien, Nachlass Bernhard Jülg:

341_19	Alois Auer
341_41	Theodor Benfey
341_68	Hermann Brockhaus
342_23	Angelo de Gubernatis
342_71	A. v. Humboldt
342_119	Reinhold Köhler
345_1	Friedrich Wilhelm Radloff (Vater)
345_24	Reinhold Rost
345_58	Wilhelm Schott
347_26	Aleksandr Nikolaevič Veselovskij

Die Porträts sind gemeinfrei (Wikipedia/Wikimedia).

Abkürzungen

ADB	Allgemeine Deutsche Biographie
AZ	Allgemeine Zeitung
BBA	Britisches Biographisches Archiv
CAJ	Central Asiatic Journal
DBA	Deutsches Biographisches Archiv
DNB	Dictionary of National Biography
JRAS	Journal of the Royal Asiatic Society
NDB	Neue Deutsche Biographie
RBA	Russisches Biographisches Archiv
ZAS	Zentralasiatische Studien
ZDMG	Zeitschrift der Deutschen Morgenländischen Gesellschaft

Vorbemerkung

Der Altphilologe und Mongolist Bernhard Jülg war der erste Promovend in Deutschland (vielleicht in Europa?), der über die Grammatik des Kalmükischen seine Doktorarbeit verfasste. Die Abhandlung hat sich nicht erhalten, wohl aber des Mongolisten I. J. Schmidts sehr positive Stellungnahme dazu. Obwohl Jülgs Pläne für eine Laufbahn bei der Petersburger Akademie zunichte wurden, hat er mit grossem Eifer das Ziel verfolgt, einige relevante kalmükische und (ost)mongolische Texte in Deutschland herauszugeben. Dafür fehlte ihm ausser Motivation und Kenntnissen fast alles – die betreffenden Handschriften, ein mongolischer Lettré zur Erklärung dunkler Stellen, ein Verleger, Drucktypen und Setzer und schliesslich Geld. Trotzdem hat er diese schwierige Aufgabe gemeistert.

Die nachstehende Edition gibt im Nachlass erhaltene Schreiben von Orientalisten wieder und liefert damit Streiflichter auf die orientalistische Seite seines Schaffens:

- Wilhelm Schott (1802–1889) beantwortet eine Anfrage bezüglich orientalischer Münzen sowie einer Rezension seiner *Mongolischen Märchen-Sammlung* im *Magazin für die Literatur des Auslandes*.
- Theodor Benfey (1809–1881) äussert sich zur Publikation des Erzählungs-Zyklus *Siddhi-Kür* und über ein mögliches Treffen bei der Versammlung deutscher Philologen und Schulmänner.
- Der Übersetzer Friedrich Löwe (1809–1889) erörtert das Projekt einer Übersetzung von Afanaśevs Russischen Volksmärchen.
- Der Volkskundler Reinhold Köhler (1830–1892) geht ebenfalls auf das Afanaśev-Projekt ein, beantwortet bibliographische Fragen und sagt seine Teilnahme an der Philologenversammlung ab.
- Der Indologe und Literaturwissenschaftler Angelo de Gubernatis (1840–1913) hat Jülg einige indologische Beiträge gesandt, erwähnt seine Anzeigen von Jülgs Arbeiten sowie Buchhandlungen für den Vertrieb dieser Bücher. Er wünscht sich Artikel von Jülg für die von ihm herausgegebenen Zeitschriften und sendet Briefmarken für Jülgs Kinder.
- Alexander von Humboldt (1769–1859) erweist sich als Unterstützer Jülgs bei seinen Bemühungen, eine Stelle an der Petersburger Akademie zu bekommen.
- Auer von Welsbach (1813–1869) zeigt sich als kompetenter und interessierter Mitarbeiter bei der Schaffung einer mongolischen Typographie.
- Hermann Brockhaus (1806–1877) interessiert sich für die indisches Erzählzyklen in mongolischer Fassung.
- Aleksandr Nikolaevič Veselovskij (1838–1906) berichtet über seine Reisen in Westeuropa und seine literarhistorischen Forschungen.
- Friedrich Wilhelm Radloff (1794–1873), der Vater des gleichnamigen Turkologen, erweist sich als logistischer Vermittler mit seinem in Barnaul wirkenden Sohn.
- Reinhold Rost (1822–1896) berichtet seinem Studienfreund über seinen Lebensweg und die linguistischen Arbeiten in London.

Diese Briefe geben beispielhaft einen Eindruck von Jülgs Netzwerk für die Orientalistik und Märchenforschung.

Bernhard Jülg

Bernhard Jülg[1] (20. Aug. 1825–14. Aug. 1886 Innsbruck) stammte aus einfachen Verhältnissen in Ringelbach in Baden. Seit 1844 studierte er zunächst in Heidelberg, ab 1845 in Berlin klassische Philologie. Darüber hinaus folgte er seinen Interessen und befasste sich intensiv mit orientalischen Sprachen, die er u.a. bei Wilhelm Schott hörte. In Berlin nahm er Kontakt zu A. von Humboldt und auch zu Hans Conon von der Gabelentz[2] auf. Zur Finanzierung seines Studiums gelang es ihm, mehrere Stipendien zu bekommen, so auch von Preußen, und man kann davon ausgehen, dass er sowohl durch Fleiss wie Studienerfolge hervorstach. Ebenso ist die Tatsache, dass die Nicolaische Buchhandlung für den Abschluss der Neubearbeitung der *Litteratur der Grammatiken, Lexika und Wörtersammlungen aller Sprachen der Erde*, die in wenig effizienten Händen lag, den noch nicht promovierten Studenten heranzog, ein Kompliment. Das Buch erschien 1847[3], im selben Jahr, da Jülg eine Darstellung der kalmükischen Grammatik bei der Universität Kiel einreichte, die als Promotionsarbeit akzeptiert wurde. Jülgs Interesse am Mongolischen wurde dadurch verstärkt, dass er die Aufmerksamkeit von Isaak Jakob Schmidt[4] erregt hatte, der ihn als Adjunkten der Petersburger Akademie und als seinen Nachfolger gewinnen wollte.[5] Schmidt starb jedoch 1847, gerade als er einen entsprechenden Antrag geschrieben hatte, und so war dieser Plan nicht durchzusetzen. Für Jülg bedeutete dies einen gravierenden Schlag – er sah sich genötigt, mehrere Jahre als Gymnasiallehrer zu arbeiten und wegen der starken Belastung wissenschaftliche Ambitionen beiseite zu legen. Erst als er 1851 eine Professur für klassische Philologie an der Universität Lemberg erhielt und 1852 nach Krakau wechselte, schöpfte er Hoffnung auf Verbesserung. Da er jedoch aus finanziellen Gründen zusätzlich als Gerichtsdolmetscher für mehrere Sprachen fungierte, dann auch noch die Burse der Universität für notleidende Studenten betreute, blieb wiederum kaum noch Zeit für anderes.

Die Berufung auf eine Professur für klassische Sprachen an die Universität Innsbruck brachte nicht viel Freizeit; und auch hier gab es kaum Ressourcen für die sprachwissenschaftliche Forschung. Mit grosser Zähigkeit hielt er jedoch an seinen kalmükischen und mongolischen Plänen fest, wobei ihm vorschwebte, einen oder mehrere kalmükische und mongolische Texte aus den Handschriften kritisch herauszugeben. Dabei war hinderlich, dass es, ausser in Russland, weder kalmükische noch mongolische Typen gab. Jülg entwarf die kalmükische Typen, und die

---

1   Diese kurze Einleitung ist eine Aktualisierung des Vorworts zu H. Walravens: «... *Ihr ewig dankbarer B. Jülg» Briefwechsel der Sprachwissenschaftler Bernhard Jülg (1825–1886) und Hans Conon von der Gabelentz (1807–1874)* Wiesbaden: Harrassowitz 2013. 160 S. (Sinologica Coloniensia 31.) Dort ausführliches Schriftenverzeichnis. Vgl. auch *NDB* 10.1974, 642–643 (Hermann M. Ölberg).

2   Hans Conon von der Gabelentz (Altenburg 13. Okt. 1807–3. Sept. 1874 Lemnitz), Gutsbesitzer, Politiker und bedeutender Linguist. Vgl. Anm. 1.

3   *Litteratur der Grammatiken, Lexika und Wörtersammlungen aller Sprachen der Erde.* Von Johann Severin Vater. Zweite, völlig umgearbeitete Ausgabe von B. Jülg. Berlin: Nicolaische Buchhandlung 1847.

4   H. Walravens: *Isaak Jakob Schmidt (1779–1847).* Leben und Werk des Pioniers der mongolischen und tibetischen Studien. Eine Dokumentation. Wiesbaden: Harrassowitz 2005. 180 S.

5   H. Walravens: Eine unveröffentlichte Rezension des Akademikers Isaak Jakob Schmidt über zwei kalmükische Grammatiken (1847). *ZDMG* 170.2020, 153–162.

K. u. K. Hof- und Staatsdruckerei stellte die Lettern her, worauf dann mit Hilfe der Akademie der Wissenschaften die Calmucica[6] gedruckt werden konnten, wenn auch nicht ohne finanzielle Belastung für Jülg selbst. Bezüglich der Nachtragserzählungen zum Siddhi-Kür[7], die ost- aber nicht westmongolisch vorlagen, stellte sich das Problem erneut; hier war es der Buchhändler Schumacher (Wagnersche Buchhandlung), der die Typen herstellte, so dass dann die weiteren Mongolica gedruckt werden konnten. Auch der Satz war weitgehend Jülgs Aufgabe, da der Setzer naturgemäss Probleme mit den fremden Typen hatte.

Der Hinweis auf die Parallele einer Arǰi Borǰi-Erzählung zu Tristan und Isolde, der damals in breiteren Kreisen Interesse für die mongolischen Märchen weckte, stammte übrigens von dem Sprachwissenschaftler Hans Conon von der Gabelentz.

Jülg besass einige christliche mongolische Traktate, deren einen ihm Schmidt geschenkt hatte; einen weiteren dazu passenden hatte Gabelentz aus der Zwick-Auktion[8] erworben, den er Jülg dann schenkte. Diese sehr raren Traktate sind inzwischen nach Exemplaren in Halle, Vilnius und Berlin (Sammlung Jülg) von Charles R. Bawden bearbeitet worden.[9]

Weitere veröffentlichte Briefe sind die von Hans Conon von der Gabelentz (vgl. Anm. 1[10]), Anton Schiefner (1817–1879)[11] und Józef Kowalewski (1801–1878).[12]

---

6   *Die Märchen des Siddhi-Kür. Kalmükisch.* X. Erzählung. Wien: Kaiserlich-Königliche Hof- und Staatsdruckerei 1861. – *Die Märchen des Siddhi-Kür.* Kalmükischer Text mit deutscher Übersetzung und einem kalmükisch-deutschen Wörterbuch. Leipzig: F. A. Brockhaus 1866: K. K. Hof- und Staatsdruckerei in Wien.

7   *Mongolische Märchen. Erzählung aus der Sammlung Ardschi Bordschi.* Innsbruck: Druck und Verlag der Wagnerschen Universitäts-Buchhandlung 1867. sowie *Mongolische Märchen-Sammlung. Die neun Märchen des Siddhi-Kür nach der ausführlicheren Redaction und die Geschichte des Ardschi-Bordschi Chan.* Innsbruck: Verlag der Wagner'schen Universitäts-Buchhandlung 1868.

8   Heinrich August Zwick (Gnadenberg 20. März 1796–31. Jan. 1855 Niesky); vgl. *Linguistische Büchersammlung aus dem Nachlass des weil. Missionars in Sarepta H. A. Zwick u.a.*: Bücheraktion v. R. Friedländer & Sohn, Berlin 26. Mai 1856; Livres de philologie orientale etc. Berlin 1856. Michael Knüppel: Heinrich August Zwick, ein Beitrag zu seiner Biographie. *ZAS* 39.2010, 141–164. Vgl. auch *http://www.epoche-napoleon.net/bio/z/ zwick.html*

9   Charles R. Bawden: *A Tract for the Buryats.* Ed. by H. Walravens. Wiesbaden: Harrassowitz 2009. 105 S. (Abhandlungen für die Kunde des Morgenlandes 67.) – Charles R. Bawden: *Another tract for the Buryats. With I. J. Schmidt's recently identified Kalmuck originals.* Ed. H. Walravens. Wiesbaden: Harrassowitz 2012 [2013]. 131 S. (Abhandlungen für die Kunde des Morgenlandes 82.)

10   Ausserdem: H. Walravens: Ein Brief von Hans Conon von der Gabelentz an Bernhard Jülg. *CAJ* 64.2021, 245–247.

11   Anton Schiefner: *Briefe und Schriftenverzeichnis.* Briefe an Bernhard Jülg (1825–1886), Karl Ernst von Baer (1792–1876), Reinhold Köhler (1830–1892), Victor Hehn (1813–1890), August Friedrich Pott (1802–1887), Ernst Kuhn (1846–1920), Lorenz Diefenbach (1806–1883), Ernst Förstemann (1822–1906) und Karl Dziatzko (1842–1903). Ediert und herausgegeben von Hartmut Walravens und Agnes Stache-Weiske. Wien: Österr. Akademie der Wissenschaften 2017. 530 S. (Österreichische Akademie der Wissenschaften, Philosophisch-Historische Klasse, Sitzungsberichte 884; Beiträge zur Kultur- und Geistesgeschichte Asiens 94.)

12   H. Walravens: Józef Kowalewski's letters to Bernhard Jülg. *Ideas behind symbols – languages behind scripts.* Proceedings of the 60th Meeting of the Permanent International Altaistic Conference (PIAC) August 27–September 1, 2017, Székesfehérvár, Hungary. Edited by Ákos Bertalan Apatóczky. Szeged 2018, 117–134 (Studia uralo-altaica 52.)

Bernhard Jülg
(nach Ludwig Heizmann: *Bernhard Jülg, Universitätsprofessor und
Sprachenforscher*. Oberkirch 1930)

Jülg starb 1886 in Innsbruck –, aber zu einer weiteren kalmükischen oder ost-
mongolischen Publikation ist es nicht mehr gekommen. Auch nicht zu einer Neubearbeitung der *Litteratur der Grammatiken*, obwohl dies selbst im Zeitalter des
Internets eine gute Sache wäre ...

Zwei Briefe von Wilhelm Schott (1802–1889)

Wilhelm Schott (1802–1889)

Wilhelm Christian Schott (Mainz 3.9.1802–21.1.1889 Berlin), Orientalist und Sinologe; der Kaufmannssohn studierte erst Theologie in Giessen und Halle, wandte sich dann den morgenländischen Sprachen zu und promovierte 1823 in Arabisch. Er gab Privatunterricht, habilitierte sich für Hebräisch und Arabisch, beschäftigte sich gleichzeitig mit Chinesisch und habilitierte sich in diesem Fach 1826. Ab 1830 betreute er die chinesische Sammlung an der Königl. Bibliothek in Berlin, und 1838 wurde er zum ausserordentlichen Professor für ostasiatische Sprachen in Berlin berufen. Trotz seiner zahlreichen fundierten Publikationen erhielt er keinen Lehrstuhl – das erste Ordinariat für Sinologie wurde 1909 in Hamburg eingerichtet. Vgl. Hartmut Walravens: Schott, Wilhelm Christian. *NDB* 23.2007, 497–498: ders.: *Wilhelm Schott (1802–1889). Leben und Wirken des Orientalisten*. Wiesbaden: Harrassowitz 2001. 220 S.

Briefe von Schott
1   5.2.1859
2   24.11.1868

1

Geehrtester Herr,

Große Häufung verschiedenartiger Beschäftigungen hatte mich Ihre Zusendung eine Zeitlang vergessen lassen. Von den hier wieder beifolgenden vier Münzen ist die silberne in deutlichster Taalik-Schrift[13] und sehr leicht zu lesen. Auf der einen Seite steht: Münze des Padischah's Aalem Schah (oder Schah Aalem d.i. Weltkönig), (Datum) 1203; auf der anderen (in Bengalen), im Jahre 19, dem Jahre 1203 entspricht bei uns 1788–89; unter 19 muß ein Regierungsjahr zu verstehen sein. Unter Padischah ist ohne Zweifel ein Groß-Mogul gewesen welcher hiernach 1772–73 den Thron bestiegen hätte, vom Jahre 1175 (1761–62) ab kenne ich aber die Reihe der Großmoguln nicht mehr.[14]

Die Kupfermünze mit dem viereckigen Loch ist eine chinesische aus den Jahren K'ian-lung (1736–96). Nähere Bestimmung des Jahres fehlt, wie gewöhnlich.

Was aber die zwei anderen Kupfermünzen betrifft, so sind mir diese unlesbar und will ich nicht einmal über den Charakter einer Schrift ein Urteil wagen. Möglicher Weise giebt es hier Leute die sie lesen können; diese würden es aber schwerlich umsonst tun.

Mit Hochachtung
Schott

B. 5ten Febr. 1859

An den Kaiserlich-Österreichischen Professor, Herrn Dr. Jülg
zu Krakau
einliegend: vier Münzen im Werthe von sechs Gulden

2

Herrn Professor B. Jülg
von der Universität zu Innsbruck, Tirol
Berlin d. 24/11 1868

Geehrtester Herr!

Ihr werthes Schreiben vom 2ten d. M. kann ich vermöge einer Verkettung ungünstiger Umstände erst heute beantworten. Empfangen Sie nun ausser dem mündlichen Danke den Ihre Frau Gemahlin Ihnen bestellt haben wird, auch noch den schriftlichen, letzteren zugleich für Ihr photographisches Brustbild.

---

13   Wohl: ta'līq, ein vom 10. bis 14. Jh. verwendeter Stil der islamischen Kalligraphie.
14   Es müsste demnach Shah Alam II. sein, der 1759 den Thron bestieg; insofern wäre das 29. Jahr wahrscheinlicher.

Da das „Magazin des Auslands", redigirt von J. Lehmann, ein in Deutschland und im fernsten Auslande vielgelesenes Blatt ist, so hatte ich bei dem Herren L. angefragt, ob er eine Anzeige Ihrer neuesten „Märchen-Sammlung' annehmen würde, und die Antwort ist bejahend ausgefallen, doch unter beigefügter Bedingung sine qua non, daß ich auf ein Paar Dutzend Zeilen mich beschränken möge, indem unser [/]

Publikum von der süßen Märchenkost aus allen Gegenden der Windrose schon so viel genossen habe daß es fast abgestumpft dagegen sei. So muß ich denn auf eine laconische Empfehlung mich beschränken.[15]

Wäre ich nicht selbst dabei interessirt, daß mongolische Texte von anziehendem Inhalt bei uns zum Druck kommen, so würde ich Ihnen, besonders in Erwägung, daß Sie Geldopfer bringen müssen, die Beförderung zum Drucke vielleicht widerrathen haben; denn die Zahl der Mongolophilen ist noch immer ausserordentlich klein, wenigstens in unserem westlichen Europa. Leider ist das ‚Archiv zur wissenschaftlichen Kunde von Rußland', dessen Herausgeber mein Freund und College Dr. Erman[16], mir niemals die Artikel mit Elle oder Zollstock zumaß, nach 25jährigem Bestehen selig entschlafen, weil die Russische Regierung den jährlichen Zuschuß verweigert hat, [/] sonst hätte ich ein Langes und Breites über Ihre wissenschaftliche Arbeit schreiben können.

Von morgenländischen Bestrebungen stehen in unserem Norddeutschen Bunde fast nur diejenigen in einer gewissen Blüte, die sich an Bibelforschung oder an alteuropäische Sprachforschung gewissermaßen anlehnen. Für Ost- und Hochasien ist der Sinn bei unserer studierenden Jugend überaus spärlich vorhanden. Haben Sie daher nicht besonderen Grund zur Unzufriedenheit mit Ihrer gegenwärtigen Stellung, so rathe ich Ihnen, auf eigene Erfahrung gestützt: Bleiben Sie getrost in dem reizenden Lande, das seit einer Reihe von Jahren Ihr zweites Vaterland geworden ist und wo man schon aus politischen Gründen jetzt fürwahr nicht Ursache hat, mit Sehnsucht nach dem Norden auszuschauen.
Mit herzlichen Grüßen, auch von meiner Frau, an Sie und die Ihrige
Ihr ergebenster Schott

---

15   Vorher war in Lehmanns Magazin erschienen: Die kalmükischen Märchen des Siddhi-Kür. *Magazin für die Literatur des Auslandes* 69/70.1866, 306–307; es folgten dann Mongolische Märchen [1867]. *Magazin für die Literatur des Auslandes* 71/72.1867, 279. und Mongolische Märchen abermals. *Magazin für die Literatur des Auslandes* 74.1868, 794.

16   Der Physiker Adolf Erman (1806–1877) unternahm 1828–1830 eine Reise um die Welt, die vorwiegend zum Zwecke erdmagnetischer Messungen durchgeführt wurde. Er publizierte darüber das fünfbändige Werk Reise um die Welt durch Nordasien und die beiden Oceane (Berlin 1833–1942). 1832–1846 unterrichtete er am Französischen Gymnasium in Berlin; 1834 wurde er ausserordentlicher Professor an der Universität Berlin. Einen Lehrstuhl sowie die Akademiemitgliedschaft erhielt er nicht, weil er sich als „Demokrat" einflussreiche Feinde gemacht hatte. Er war Herausgeber des *Archivs für wissenschaftliche Kunde von Rußland*. 1841–1867. 25 Bde. Vgl. Erki Tammiksaar: Adolph Erman – Ein bedeutender und zugleich umstrittener Naturforscher Sibiriens. In: Erich Kasten (Hrsg.): *Reisen an den Rand des Russischen Reiches: Die wissenschaftliche Erschließung der nordpazifischen Küstengebiete im 18. und 19. Jahrhundert*. Fürstenberg/Havel: Kulturstiftung Sibirien, 2013, S. 173–206.

Theodor Benfey
(Universität Tübingen)

Drei Briefe von Theodor Benfey (1809–1881)

Der Klassische Philologe, Indologe und Folklorist Theodor Benfey (Nörten 28.1.1809–26.6.1881 Göttingen) stammte aus einem konservativen jüdischen Elternhaus. In der Schule machte er so schnelle Fortschritte, dass er mit 14 bereits die Abiturreife erreicht hatte. 1824–1827 studierte er an den Universitäten Göttingen und München, promovierte dann in Göttingen 1828 mit der Arbeit *De Liguris* (ungedruckt) zum Dr. phil. 1829 folgte die Habilitation mit der Dissertation *Observationes ad Anacreontis fragmenta genuina.* 1834 trat er als Privatdozent in die Universität ein und bestritt durch fleissigste Arbeit, Veröffentlichungen und Nebenarbeiten seinen Lebensunterhalt. 1837 erschien Benfeys Übersetzung des Terenz.[17] Für sein *Griechisches Wurzelwörterbuch* (1839–1842) erhielt er 1842 den Prix Volney. Beachtet wurde auch 1840 sein Beitrag „Indien" (im Umfang einer Monographie) für Ersch & Grubers *Allgemeine Encyklopädie der Wissenschaften und Künste*[18]. Trotz seiner Arbeiten und auswärtiger Anerkennung sah sich die Universität jedoch nicht bewogen, ihm irgendetwas zu zahlen. Es bedurfte der Intervention Alexander von Humboldts, die Bewilligung einer „fortlaufenden Remuneration von 300 Talern" zu erwirken. 1844 reiste Benfey für ein halbes Jahr zum Studium von Handschriften nach Berlin, Paris, London – auch das unter prekären finanziellen Bedingungen. Nach seiner Rückkehr erschienen *Die persischen Keilinschriften mit Übersetzung und Glossar* (Leipzig 1847) und *Die Hymnen des Sâma-veda* (Leipzig 1848). In der Folge kamen *Vollständige Grammatik der Sanskritsprache* (Leipzig 1852), *Chrestomathie aus Sanskritwerken* (Leipzig 1853) und *Kurze Sanskritgrammatik zum Gebrauche für Anfänger* (Leipzig 1855) heraus.

Eine Verbesserung seiner wirtschaftlichen Situation trat erst mit der lange überfälligen Ernennung zum Ordinarius, 1862, ein.

Das Erscheinen der Übersetzung des Pañcatantra[19] und vor allem des ausführlichen Kommentars dazu (1859) erregte Aufmerksamkeit und inaugurierte ein neues Fach – die vergleichende Märchenforschung. Jacob Grimm schlug ihn zum Korrespondenten der Berliner Akademie vor. Auch das Institut de France wählte ihn zum Korrespondenten. Die Zeitschrift *Orient und Occident* (1862–1866) musste nach drei Jahrgängen wegen Konkurses des Verlags eingestellt werden. Anerkennung fanden auch das *Sanskrit-English Dictionary* (London 1866) und die *Geschichte der Sprachwissenschaft und orientalischen Philologie in Deutschland* (München 1869). Eine seit langem geplante Vedengrammatik konnte nicht mehr realisiert werden.

Eine Biographie Benfeys aus der Feder seiner Tochter Meta sowie ein vollständiges Schriftenverzeichnis finden sich in Theodor Benfey: *Kleinere Schriften.* Hrsg. von Adalbert Bezzenberger. Berlin: H. Reuther 1890–1892. XL, 340, 199, 236, 156 S.

Aufschlussreiche Briefe Anton Schiefners an Benfey finden sich in H. Walravens, A. Stache-Weiske (Hrsg.): *Der Linguist Anton Schiefner (1817–1879) in Briefen an Theodor Benfey (1809–1881) und skandinavische, russische und unga-*

---

17 *Publius Terentius im Versmass der Urschrift übersetzt.* Stuttgart: Metzler 1837. 12 Bde.
18 Section 17.1840, 1–356 S. 4°
19 *Pantschatantra. Fünf Bücher indischer Fabeln, Märchen und Erzählungen.* Aus dem Sanskrit übersetzt mit Einleitung und Anmerkungen. Leipzig 1859. 2 Bde.

rische Kollegen. Wien: Österreichische Akademie der Wissenschaften 2022, 1–
137 [im Druck]

Briefe Benfeys
1   10.6.–5.7.1861
2   4.3.1866
3   20.7.1873

Hochgeehrtester Herr Profeßor!
Ihren geehrten Brief 6t. d. M. habe ich mit vielem Vergnügen gelesen und
glaube in der That, daß eine Herausgabe der kalmükischen Bearbeitung des
Siddhikür zur Verbreitung der Kenntniß des Kalmükischen beitragen und
auch sonst nützlich wirken würde. Recht schade ist daß fast die Hälfte der
Erzählungen fehlt, doch würde das in sprachlicher Beziehung kein Hinder-
niß sein. In der Mongolischen Bearbeitung fehlt – nach den mir gewordenen
Mittheilungen – nur eine Erzählung. Es ist mir aber sehr auffallend, daß
weder die Übersetzung – aus welcher mir Auszüge zugesandt sind – noch
der Text von Galsan Gombojew bis jetzt veröffentlicht sind.[20] Ich vermuthe
sehr, daß Ihnen eine Abschrift desselben zu Theil wurde und sobald ich
Gelegenheit habe, an [/] Schiefner zu schreiben, werde ich es erwähnen.

Sollten Sie sie nicht erhalten, so glaube ich werden Sie sich durch
Herausgabe des kalmükischen Textes der 13 ersten Erzählungen in der Art,
wie Sie beabsichtigen, auch schon ein rechtes Verdienst erwerben. Es ist
nöthig, daß die Kenntniß der zu der Tatarischen Classe gehörigen Sprachen
immer mehr gefördert werde. Denn etwas Rechtes lässt sich für keine
Sprache thun, die man nicht durch und durch kennt und um sich eine
derartige Kenntniß zu erwerben, bedarf es – zumal da keine vollendeten
Grammatiken bestehen – viel Lectüre wozu nur Schriften neigen, welche
ein gewißes Intereße erregen.
den 5ten July
So weit hatte ich vor fast vier Wochen geschrieben, als ich von einer sehr
schmerzhaften Krankheit ergriffen wurde, die mir jede Bewegung
unmöglich machte. Ich bin jetzt wieder hergestellt und habe gestern den
ersten Ausgang gewagt. Ich beeile mich nun vor allen Dingen diese Antwort
abzuschließen, damit Sie eine beßere Meinung von mir [/] erhalten, als
Ihnen mein langes Stillschweigen einzuflößen berechtigt wäre.

Bezüglich Ihrer Anfrage ob die Ähnlichkeit der Kandu Episode[21] mit der
russischen Erzählung vom Mönch und dem Paradiesvogel schon beachtet
ist, kann ich Ihnen in diesem Augenblick keine Auskunft geben. Im
Gedächtniß habe ich keine derartige Bemerkung und meine Sammlungen
kann ich jetzt nicht durchsehen, da mir noch jede körperliche Bewegung
schmerzhaft ist. Ich glaube aber, daß sie auf keinen Fall in weiteren Kreisen

---

20   Vgl. Šiddhi-kur, sobranie Mongol'skich skazok. Perevod s mongol'skago na russkij jazyk
      Lamy Galsana Gomboeva. *Ėtnografičeskij sbornik (russkogo geografičeskago obščestva)*
      6.1864. 102 S. – Eine Abschrift des mongolischen Textes von Gomboevs Hand befindet sich
      in der Staatsbibliothek zu Berlin: Ms. or. fol. 1351.

21   Aus Brahmapurāṇa, in Lassen: *Anthologia Sanscritica.* Bonnae 1838, S. 49–59. Vgl. Die
      indische Kandu-Episode und die russische Legende vom Paradiesvöglein. Von Prof. B. Jülg.
      Hoch vom Dachstein. Illustr. Wochenblatt für Wissenschaft und Belletristik. 1862, 218–219.

bekannt sein könnte und wenn sie es darauf ankommen laßen wollen, so würde mir ein kleiner Aufsatz darüber recht angenehm sein. Doch möchte ich eigentlich nicht gern eine vollständige Übersetzung der niedlichen Episode, da die Höfersche[22] doch einmal existiert, sondern lieber nur Hervorhebung der wesentlichen Momente. Doch stelle ich das ganz Ihrem Ermessen anheim, da ich den Männern, die so freundlich sind, mich mit Ihren Arbeiten zu unterstützen, keineswegs [/] Vorschriften machen möchte.

Dr. Leo Meyer[23] habe ich seit langer Zeit gestern zum ersten Mal wieder gesprochen, wo er mir seine Vergleichende Grammatik des Altindischen, Lateinischen und Griechischen brachte. Leider habe ich vergessen, Ihre Grüße ihm auszurichten, da – wie Sie sahen – ohne meine Schuld die Antwort auf denselben so lange verzögert ist. Ich bin aber überzeugt er würde sich sehr darüber gefreut haben, sobald ich ihn wiedersehe, werde ich nicht vergeßen, sie noch nachträglich zu bestellen.
Mit der ausgezeichnetsten Hochachtung verharre ich
Ihr ganz ergebener Th. Benfey

Göttingen 10 Juni/5. July 1861

2

Geehrtester Herr College!
Entschuldigen Sie daß ich erst heute dazu komme, Ihnen zunächst meinen tiefen Dank für die gütige Übersetzung der Märchen[24] (Übersetzung des Siddhi Kür) auszusprechen. Sie haben sehr wohl gethan, mir den Text nicht zu senden, doch wollte ich mit der Anzeige warten, bis ihn die Bibliothek hätte; da er dieser nicht zugekommen war, haben ich ihn bestellen laßen und hoffe daß er jetzt entweder schon da ist oder in diesen Tagen ankömmt. Sie werden, wie ich mit Vergnügen höre, in Ihren Veröffentlichungen auf dem Gebiet dieser so wenig gekannten Sprache fortfahren und die Bekanntschaft derselben in Dtschl. zugänglicher machen, ein Verdienst, für welches Gegenwart und Zukunft Ihnen sehr dankbar sein wird.

Hoffentlich geben Sie uns bald einmal wieder Gelegenheit, uns mündlich über die wissenschaftlichen Bande, die uns vereinigen zu besprechen und Ihnen meinen Dank persönlich zu wiederholen. [/]

Leben Sie wohl, geehrtester Herr College und erhalten Sie mir auch ferner Ihr Wohlwollen.
Hochachtungsvoll ergebenst
Ihr Benfey

---

22 Vgl. *Indische Gedichte in deutschen Nachbildungen* von Albert Hoefer. Erste Lese. Leipzig: Brockhaus 1841, 43–63: Der Weise und die Nymphe. Besprechung in *Morgenblatt für gebildete Stände* Nr. 93, 10. Sept. 1841.
23 Leo Meyer (Bledeln 1830–1910 Göttingen), Linguist, Extraordinarius in Göttingen, 1865–1899 Ordinarius an der Universität Dorpat. Er war ein Schüler Benfeys. Vgl. Bernhard Forssman: Meyer, Leo. *Neue Deutsche Biographie* 17.1994, 363–364.
24 *Kalmükische Märchen. Die Märchen des Siddhi-Kür oder Erzählungen eines verzauberten Todten. Ein Beitrag zur Sagenkunde auf buddhistischem Gebiete.* Aus dem Kalmükischen übersetzt von B. Jülg. Leipzig: F. A. Brockhaus 1866. VI, 69 S.

Göttingen 4/3 66

     Sr. Hochwohlgeboren
     Hrn. Professor Dr. B. Jülg
     Innsbruck

3
Göttingen, 20 VII 73

Hochgeehrtester Herr College,
Ihren Brief vom 3t. Juli beantworte ich heute, weil ich gar zu gern gewünscht hätte, Ihren Wunsch, daß ich zur Philologenversammlung[25] kommen möchte, zumal er auch von Ihrer liebenswürdigen Frau Gemahlin unterstützt ward, erfüllen und durch eine bestimmte Zusage mich binden zu können. Ich habe lange hin und her überlegt, ob ich es möglich machen könne, allein das Resultat war zu meinem Bedauern stets ein negatives. Die Vedengrammatik und die damit verbundenen Abhandlungen erlauben mir kaum eine – auch nur kurze – Reise und wenn ich mich zu einer solchen entschließe, so steht, meiner Gesundheit wegen, in erster Reihe die Verpflichtung auf etwa 3 Wochen ein Bad zu besuchen. [/]
    Sollte ich, trotz mancher Hindernisse, dazu kommen, dann würde ich nothwendig die ersten Ferienwochen dazu benutzen müßen und könnte einen Ausflug nach Insbruck nicht mehr damit verbinden. Überhaupt liegt die Zeit der Philologenversammlung für solche, die nicht in der Lage sind, die ganze Ferienzeit zu Reisen benutzen zu können, äußerst unbequem; eine Erholungsreise ist für deren Anfang angezeigt und dann fast am Ende derselben wiederum sich zu unterbrechen und eine weite Reise für wenige Tage zu machen, dazu reichen die Mittel vieler, am wenigsten die meinigen, nicht zu. Endlich ist die letzte Hälfte des September für ältere Leute schon eine der Gesundheit selten zuträgliche gewöhnlich sogar eine in dieser Beziehung nachtheilige, und mit Erkältungen oder Folgen derselben die Weiterarbeiten zu beginnen ist eine unangenehme ja fast unheimliche Aussicht. So muß ich denn zu meinem [/] innigsten Bedauern der Hoffnung entsagen, Sie und Ihre geehrte Familie in diesem Herbste wieder zu sehen; wenn ich jedoch am Leben bleibe, so hoffe ich, nach Abschluß meiner jetzigen Arbeiten, das mir so lieb gewordene Tyrol und vor allem das mir durch Sie so werthe Insbruck von Neuem zu besuchen und werde mich glücklich schätzen bei Ihnen und den Ihrigen die gütige und freundliche Aufnahme zu finden, deren ich mich noch immer mit vielem Danke erinnere.
    Indem ich Sie bitte mich Ihrer geehrten Frau Gemahlin und den Ihrigen bestens zu empfehlen, verbleibe ich in Freundschaft und Hochachtung
Ihr ganz ergebenster Th. Benfey

---

25   Es scheint keine Philologenversammlung im Jahre 1873 stattgefunden zu haben; sie tagte erst 1874 in Innsbruck, wobei Jülg als Gastgeber die Eröffnungsrede hielt; vgl. *Verhandlungen der neunundzwanzigsten Versammlung deutscher Philologen und Schulmänner in **Innsbruck** vom 28. September bis 1. October 1874*. Leipzig 1875, 1–5.

Ein Brief von Friedrich Löwe

Friedrich Ferdinand Löwe (Hamburg 12. Okt. 1809–29. Apr. 1889 Stuttgart), Schriftsteller, Übersetzer und Bibliothekar, studierte Theologie in Berlin und ging 1836 nach St. Petersburg, wo er als Journalist für die „St. Petersburger Zeitung" arbeitete und Konservator an der Bibliothek der Akademie der wurde. 1848 musste er aus politischen Gründen Russland verlassen und kehrte in seine Heimatstadt Hamburg zurück. Er wurde Mitglied der Konstituierenden Versammlung als Vertreter der äussersten Linken. 1852 beschloss er in Tübingen Jura zu studieren, wurde aber – wohl wegen seiner politischen Einstellung – ausgewiesen. Er erhielt die Erlaubnis nach St. Petersburg zurückzukehren, wo er seine frühere Stelle wieder einnahm. Nach seiner Pensionierung zog er nach Tübingen, dann nach Reval. Er übersetzte Kreutzwalds Estnische Märchen und das Epos Kalevipoeg sowie einige russische Werke ins Deutsche. Vgl. *Baltisches Biographisches Archiv*; Leo Anvelt: Ferdinand Löwe – Kreutzwaldi tõlkija. [F. L. – Kreutzwalds Übersetzer]. *Keel ja kirjandus* 4.1973, 213–222; Gerhard Ziegengeist: Ein Brief Turgenevs an Ferdinand Löwe aus dem Jahre 1873. In: *I. S. Turgenev und Deutschland. Materialien und Untersuchungen*. 1. Bd. Berlin: Akademieverlag 1965, 101–107).
Foto von 1865 s. *https://austria-forum.org/af/Bilder_und_Videos/Historische_Bilder_IMAGNO/L%C3%B6we%2C_Ferdinand/00628793*

Ludwigsburg 25. Mai 1869

Hochgeehrter Herr,
Als in Reval domicilirte, sprach sich der Akademiker Schiefner[26] wiederholt darüber aus, wie wünschenswerth es sei, daß die Afanassjeffsche Märchensammlung[27] zugänglich gemacht würde. Ich ging gern auf diesen Plan ein, der mir deßhalb liegen blieb, weil mich inzwischen die ehstnischen Märchen in Anspruch genommen hatten. Unlängst aber gelangte an mich eine Anfrage des Herrn Prof. Dr. Jülg, ob ich noch gesonnen sei, die Märchen zu bearbeiten. Ich konnte einstweilen nur, Näheres vorbehaltend, er-

---

26 Anton Schiefner (Reval 1817–1879 St. Petersburg), Linguist und Bibliothekar an der Akademie in St. Petersburg. Er wurde durch zahlreiche Arbeiten zur Tibetologie, Finnougristik und Kaukasiologie bekannt. Auch gab er die Expeditionsberichte des finnischen Ethnographen M. A. Castrén (12 Bde.) und die linguistischen Materialien des Barons Peter von Uslar heraus. Er übersetzte die Kalavala metrisch ins Deutsche; seine besondere Neigung gehörte der Märchenforschung. Vgl. u.a. Anton Schiefner: *Briefe und Schriftenverzeichnis*. Briefe an Bernhard Jülg (1825–1886), Karl Ernst von Baer (1792–1876), Reinhold Köhler (1830–1892), Victor Hehn (1813–1890), August Friedrich Pott (1802–1887), Ernst Kuhn (1846–1920), Lorenz Diefenbach (1806–1883), Ernst Förstemann (1822–1906) und Karl Dziatzko (1842–1903). Ediert und herausgegeben von Hartmut Walravens und Agnes Stache-Weiske. Wien: Österr. Akademie der Wissenschaften 2017. 530 S. (Österreichische Akademie der Wissenschaften, Philosophisch-Historische Klasse, Sitzungsberichte 884; Beiträge zur Kultur- und Geistesgeschichte Asiens 94.)
27 Aleksandr Nikolaevič Afanasev (1826–1871), Jurist und Archivar des russischen Aussenministeriums, Sammler und Erforscher russischer Märchen. Seine Sammlung *Narodnye russkie skazki* erschien 1855–1863. Vgl. Isidor Levin: Afanasev, Aleksandr Nikolaevič. In: *Enzyklopädie des Märchens*. Band 1, 1977, Sp. 127–137. Die erste grössere deutsche Übersetzung dürfte die von Anna Meyer u.d.T.: *Russische Volksmärchen* sein, die in Wien erschien – Bd. 1 bei C. W. Stern 1906. 304 S., Bd. 2 bei R. Ludwig 1910. 173 S.

wiedern, daß ich allerdings dem Plan noch nicht entsagt habe. Jetzt bin ich auf den Gedanken gekommen, daß es vielleicht nach allen Seiten hin ersprießlich wäre, wenn ich mich mit Herrn Jülg nach einem später festzustellenden Prinzipe in die Arbeit theilen würde. Was ich in Rußland an sprachlichen und einschlagenden sachlichen Kenntnißen gewonnen habe, könnte ich, [/] nach Bedürfniß, der Gesammtarbeit zu Gebote stellen.

Ich mache also diesen Vorschlag zunächst ganz allgemein und erlaube mir, denselben durch Ihre gütige Vermittelung Herrn Jülg vorzulegen, weil ich weiß, daß Sie sich lebhaft für das Zustandekommen eines deutschen Afanassjeff intereßiren und daß Sie schon vielfach mit Herrn Jülg über den Gegenstand conferirt haben. Der Umfang der Sammlung würde freilich – schon im Hinblick auf den Verleger – durch eine paßende Auswahl reducirt werden müssen. Hierüber, sowie über die materiellen Grundlagen und Bedingungen des Unternehmens läßt sich weiter verhandeln, nachdem sich Herr Prof. Jülg über meinen Vorschlag ausgesprochen haben wird. Von Ihnen oder von Herrn Jülg erwarte ich demnächst eine gefällige Eröffnung darüber.

Eine Besprechung der ehstnischen Märchen außer der von mir nicht inspirirten Anzeige in der Allg. Zeitg. ist mir bis jetzt noch nicht zu Gesichte gekommen. Das Manuscript der [/] zweiten Hälfte ist schon weit genug vorgerückt – es bedarf nur eines belebenden Winkes von Herrn Bertram[28], um es rasch zu vollenden. Für das von Ihnen so freundlich Gelieferte und wiederum Verheißene sage ich Ihnen hiemit verbindlichen Dank.
Mit der ausgezeichnetsten Hochachtung empfehle ich mich Ihnen als
Ihr ergebenster F. Löwe

---

28   Gustav Oswald Bertram (Ermsleben 1827–1876 Halle), Buchhändler und Verleger, Leiter
      der Halleschen Waisenhausbuchhandlung. Er veröffentlichte Löwes Übersetzung von
      Kreutzwalds *Estnischen Märchen* (Halle 1869). Vgl. Gustav Oswald Bertram. In: *Beilage
      zum Halleschen Tageblatt.* Halle 14. Mai 1876, Nr. 112.

Vier Briefe Reinhold Köhlers

Reinhold Köhler (Weimar 24. Juni 1830–15. August 1892 Weimar), gehörte zu den profiliertesten Literarhistorikern seiner Zeit und machte sich insbesondere als Märchen- und Motivforscher einen Namen. Er trat durch den weiten Umfang seines Wissens und sorgfältige Arbeit hervor, die er in zahlreichen kleinen Publikationen unter Beweis stellte. Neue Methoden oder Hypothesen hat er in seinen Fachgebieten nicht eingeführt.

Sein äusserer Lebensweg war nicht spektakulär. Er studierte klassische Philologie in Jena, Leipzig und Bonn, wo er bei Christian Lassen auch Sanskrit hörte, und promovierte 1853 in Jena über die *Dionysika* des Nonnos. Da die Familie sich nach dem Tode des Vaters, eines Geistlichen, in beengten Verhältnissen befand, sah er von einer Habilitation ab, sondern gab Privatstunden und wurde weimarischer Bibliothekar, eine Stellung, die er sein Leben lang behielt, lediglich als Nachfolger Schölls[29] schliesslich 1886 zum Oberbibliothekar ernannt, nachdem er bereits 1881 die Leitung der Bibliothek übernommen hatte. Er blieb unverheiratet und lebte mit der Mutter und zwei Schwestern zusammen.

Erich Schmidt schrieb eine einfühlsame Biographie: *Allgemeine Deutsche Biographie* 51.1906, 317–318, wie auch einen Nachruf in der *Zeitschrift des Vereins für Volkskunde* 2.1892, 418–437.[30]

Köhlers Arbeiten erschienen gesammelt:

Reinhold Köhler: *Aufsätze über Märchen und Volkslieder.* Aus seinem handschriftlichen Nachlass herausgegeben von Johannes Bolte und Erich Schmidt. Berlin: Weidmann 1894. 152 S. (darin: 136–152: Schriftenverzeichnis)

Reinhold Köhler: *Kleinere Schriften.* Herausgegeben von Johannes Bolte.

1. Kleinere Schriften zur Märchenforschung. Weimar: Felber 1898. XI, 608 S.

2. Kleinere Schriften zur erzählenden Dichtung des Mittelalters. Berlin: Felber 1900. XII, 700 S.

3. Kleinere Schriften zur neueren Litteraturgeschichte, Volkskunde und Wortforschung. Berlin: Felber 1900. XV, 659 S.

---

29 Gustav Adolf Schöll (Brünn 1805–1882 Jena), Professor für Archäologie in Halle, Direktor der Weimarer Kunstanstalten und 1861 Oberbibliothekar. Vgl. Rudolf Schöll: Schöll, Adolph. *Allgemeine Deutsche Biographie* 32.1891, 218–224.

30 Vgl. auch Ingo Reiffenstein: Reinhold Köhler. *Neue Deutsche Biographie* 12.1980, 311–312.

Reinhold Köhler
(Nach R. Köhler: *Kleinere Schriften* 2. Berlin 1900, Frontisp.)

Briefe Köhlers
1   4.6.1869
2   4.7.1869
3   21.3.1871
4   30.9.1874

1

Lieber Freund!
Ich schicke dir diesen Brief Löwes und muß natürlich deinem Ermessen
ganz überlassen, ob du Lust hast, auf seinen Vorschlag einzugehen. Mir wäre es jedenfalls höchst erwünscht, wenn bald eine verläßliche Übersetzung
Afanassjefs zu Stande käme.
    Ich habe den Brief im Drang verschiedener Arbeiten über Gebühr lange
liegen lassen. Hoffentlich schreibst Du recht bald an Löwe.
Für den Separatdruck deines Würzburger Vortrages besten Dank!
In der Hoffnung daß es dir und deiner Frau Gemahlin, der ich mich zu
empfehlen bitte, recht gut geht und mit besten Grüßen
dein Reinhold Köhler

Weimar, 4. Juni 1869

Herrn Professor Dr. Jülg
Innsbruck

2

Lieber Freund!

Auf deinen Brief wegen des Löwe'schen Vorschlags erwidere ich dir, daß ich sehr gern bereit bin, vergleichende Bemerkungen den russischen Märchen beizufügen, wie ich dergleichen auch der Löwe'schen Übersetzung ehstnischer Märchen beigefügt habe. Löwe's Aufforderung an dich bezieht sich zunächst wol auf die Übersetzung selbst, er wünscht, so scheint es, daß Ihr euch in die Übersetzung theilt; auf welche Weise freilich die Theilung geschehen soll, kann ich mir auch nicht recht vorstellen. Ich würde jedenfalls aber doch an deiner Stelle mich mit Löwe besprechen, und du kannst ihn dann meiner Bereitwilligkeit zur Beifügung von Anmerkungen versichern.

Über Löwe weiß ich auch weiter nichts. Ich habe vergessen, mich bei Schiefner nach seinen Personalien zu erkundigen.

Ob ich auch nach Kiel kommen werde, weiß ich auch noch nicht bestimmt. [/] Im Schwarzwald, den ich noch nicht kenne, möchte ich dich sehr gern besuchen, doch wird es sich schwerlich machen. Vielleicht ermöglichen wir beide es doch noch nach Kiel zu kommen und sehen uns dort.

Mit herzlichsten Grüßen
dein Reinhold Köhler
Weimar 4. Juli 1869

3

Lieber Freund!

Vor allem mein lebhaftes Bedauern über dein körperliches Leiden, das sich hoffentlich recht bald geben wird.

Aug. Arnolds Übersetzung des Carmagnole besitzt unsere Bibliothek leider nicht; sie ist, wie ich aus Bücherlexicis sehe, 1824[31] zu Gotha bei Ettinger erschienen. Wende dich doch nach Gotha an meinen Freund und Collegen den Bibliothekar Dr. Pertsch[32]. Er wird sich gewiss auf der Gothaischen Bibliothek ein Exemplar vorfinden, was dir Pertsch sofort schicken wird.

Auch ich wollte dieser Tage an dich schreiben und dir eine Bitte aussprechen. Ich habe mir vergeblich
v. Hörmann Beitrag zur Mythologie aus Wälschtirol (Separatabdr. aus der Ztschr. des Ferdinandeums [1870])[33]

---

31   Vielmehr 1823: *Der Graf von Carmagnola*. Ein Trauerspiel von Alexander Manzoni. Aus dem Italienischen übersetzt von August Arnold. XIV,143 S.

32   Wilhelm Pertsch (Coburg 19. April 1832–17. August 1899 Gotha), Orientalist, war seit 1855 an der Herzoglichen Bibliothek in Gotha tätig, wo er die orientalischen Handschriften katalogisierte. Handschriften. 1879 wurde er Oberbibliothekar, 1883 Direktor der Wissenschaftlichen Anstalten auf Schloss Friedenstein. Vgl. Max Berbig: Pertsch, Wilhelm. *ADB* 53.1907, 18–19.

33   L. von Hörmann: Mythologische Beiträge aus Wälschtirol mit einem Anhange wälschtirolischer Sprichwörter und Volkslieder. *Zeitschrift des Ferdinandeums für Tirol und Vorarlberg* III,15.1870, 209–247.

auf Buchhändlerweg zu verschaffen gesucht. Könntest du mir nicht ein Exemplar von dem Vf. verschaffen? Es sind – wie ich aus einer Anzeige im Centralblatt sehe – darin verschiedene Märchen mitgetheilt, die mich natürlich interessiren. Die Zeitschr. des Ferdinandeums [/] hält unsere Bibliothek leider nicht.

Wenn du Professor I. V. Zingerle[34] siehst, so empfiehl mich ihm und danke ihm für die neue Ausgabe seiner Märchen, die mir der Verleger in Z's Namen übersendet hat.

Mit den besten Grüßen – auch an deine liebe Frau –

dein Reinhold Köhler

Weimar, 21. März 1871

4

Lieber Freund!

Leider habe ich aus mehreren Gründen dieses Jahr darauf verzichten müssen, die Philologenversammlung zu besuchen, und deshalb wende ich mich mit einer Bitte an dich, die zu erfüllen dir nicht viel Beschwer machen wird. Es würde mir nemlich sehr angenehm sein, wenn ich durch deine Güte wo möglich alle Drucksachen, die auf der Versammlung zur Vertheilung gekommen sind – als: Programme, Mitgliederverzeichnisse, Begrüßungsschriften – erhalten könnte.

Hoffentlich haben die Präsidialgeschäfte und Sorgen das Vergnügen, was sonst eine Phil.-V. zu gewähren pflegt, dir nur wenig gestört.

Indem ich dir für de Erfüllung meiner Bitte im Voraus schon danke und dich bitte, mich der Frau Gemahlin, die ich in Würzburg kennen zu lernen das Vergnügen hatte zu empfehlen, bin ich mit herzl. Grüßen

dein R. Köhler

Weimar, 30. Septbr. 1874

---

34 Ignaz Vinzenz Zingerle (Meran 6. Juni 1825–17. Sept. 1892 Innsbruck), Literaturwissenschaftler und Volkskundler. 1858 wurde er Direktor der Universitätsbibliothek Innsbruck, 1859 wurde er Professor für deutsche Sprache und Literatur an der Universität. Vgl. Oswald Zingerle: Zingerle von Summersberg, Ignaz Vinzenz. *ADB* 45.1900, S. 316–319.

Fünf Briefe von Angelo de Gubernatis

Angelo de Gubernatis (Turin 7. April 1840–26. Febr. 1913 Rom), Dichter, Literaturwissenschaftler und Sanskritist, erhielt seine Ausbildung in seiner Heimatstadt und 1862/63 in Berlin, wo er Sanskrit und Komparatistik studierte. Er wurde 1862 zum Professor für Sanskrit am Istituto degli Studi superiori in Florenz berufen, trat aber auf Grund seiner Bekanntschaft mit dem Anarchisten Michail Aleksandrovič Bakunin und Sympathie mit dessen Gedankengut zurück und heiratete dessen Cousine Sofija Bezobrazova. Nachdem er etwas Distanz zu Bakunin gewonnen hatte, nahm er 1867 seinen Rücktritt zurück und entfaltete eine fruchtbare Lehr- und vor allem Publikationstätigkeit. Neben zahlreichen Monographien und Aufsätzen gab er mehrere Zeitschriften heraus, *Italia letteraria* (1862), *Rivista orientale* (1867–1868), an der die im Briefwechsel genannte Dora d'Istria mitarbeitete, *Civiltà italiana* (1865), *Rivista contemporanea* (1869), *Rivista europea* (1869–1876), *Bollettino italiano degli studii orientali* (1876), *Revue internationale* (1883) sowie *Giornale della società asiatica.* 1891 wechselte er nach Rom an die Universität La Sapienza. Neben einigen indologischen Arbeiten verfaßte er eine *Zoological Mythology* (London 1872) sowie *La mythologie des plantes* (Paris 1878). Auch gab er eine *Storia universale della letteratura* (Milano 1882–1885. 21 Bde.) heraus. Von seinen dramatischen Werken war insbesondere *Il re Nala* (1869) erfolgreich.
Vgl. Lucia Strappini: De Gubernatis, Angelo. *Dizionario biografico degli italiani* 36.1988 (https://www.treccani.it/enciclopedia/angelo-de-gubernatis_(Dizionario-Biografico)/)

Angelo de Gubernatis
(wikimedia.org)

Briefe von Gubernatis[35]
1   19.8.1867
2   14.9.1968
3   3.10.1870
4   4.11.1870
5   29.3.1877

---

35   Für die freundliche Korrektur meiner Transkription danke ich meinem geschätzten Kollegen
       Giovanni Stary (Mestre - Venezia).

1

Onorato Signore,

Io non posso tardar oltre un riscontro alle due sue gentilissime.

Con l'annunciare a 'miei lettori le sue importanti pubblicazioni io non feci altro che il mio stretto dovere; à tutta gentilezza sua pertanto ogni ringraziamento che le piace indirizzarmi.

Ho caro ch' Ella abbia gradito il mio studio sopra i frammenti dell'epopea Vedica, a questo lavoro ne terranno dietro altri due sui miti nel Râmâyana e sui miti nel Mahâbhârata. Intanto ho finito ieri la mia Enciclopedia Indiana o Dizionario Sanskrito-Italiano, opera alla quale, interrotto pure [?] da altre cure, lavoravo da tre anni.

Mi studio così di fare il mio debito di buon Italiano lavorando, quanto più mi è possibile, indefessamente e coscienziosamente.

La ringrazio, mio egregio Signore, della gentile promessa di Ella mi fa delle sue preziose pubblicazioni e colgo lieto l'occasione per protestarmi.

Il suo devotissimo

Firenze, 19 Agosto 1867

Angelo DeGubernatis

2

Mio riverito signore,

Ricevetti per la strada ferrata l'involto contenente i due libri di Ella ha la fina cortesia di mandarmi. Io m'affretto à ringraziarnela e a permetterle che me ne occuperò, se non nella Rivista Orientale che ha dovuto finire le sue pubblicazioni, perchè i soscrittori, non pagavano, nel Bollettino della Società Geografica Italiana, pel quale scrivo un articolo intorno alle pubblicazioni linguistiche relative agli studii geografici. Nel volume del Bollettino che si pubblicò or fa un mese ebbi occasione di citare il suo discorso Über Wesen etc., a pagina 276, con le parole sequenti «Dobbiamo ora signalare un discorso del professor Bernardo Jülg sopra la natura e l'ufficio della scienze delle lingue, importante per la notizia che il Jülg, in esse assai detto, ci recar delle Lingue Turaniche. Spenderò naturalmente più parole le più vive sopra il lavoro ultimo ch'Ella ha voluto favorirmi, e che verrà di certo degnamente apprezzato dai pochi intelligenti di lingue turaniche. Io sono persuaso che or Ella mandi un esemplare o due alle Libreria Loescher in Torino e Firenze e altrettanti in Napoli alle libreria Detken, è tre o quattro esemplari non mancheranno di collocarsi. In Roma parimenti qualche esemplare potrà di certo collocarsi; ma io non saprei per ora, darle recapito per alcuna libreria. La ringrazio ancora distintamente per la bontà ch'Ella mi usò, col favorirmi il desiderato suo riscontro; mi spiace non poterle mandare ora del mio altro che una cattiva fotografia di or sono tre anni.

In ogni modo però, Ella gradirà. Io spero, la mia buona intenzione, mentre mi conpiacei rinnovermele con perfettissima stima.

Il dev^mo ed affl^mo [?] suo

Angelo DeGubernatis

Firenze, 14 7bre 1868

3

Illustre Signore,

Mi permette di richiarmi alla sua graziosa benevolenza, col pregarle di gradire l'opuscolo sugli studii indiani in Italia, che la Principessa Dora d'Istria (Kaltzoff Massalski principessa Elena), trasse in elegante edizione dalla Rivista Europea, che io pubblico il 1° di ogni mese in Firenze, in un vol. di 200 pagine.

In pari tempo, la gentilezza sua mi concede d'esprimerle un desiderio. Nella mia Rivista Europea (che, fra parentesi, cammina a vele gonfie, ed è ora il più diffuso dè periodici letterarii italiani), io intendo essenzialmente ad avvicinar fra loro i paesi civili, a farli conoscere tra loro, ad aprir l' Italia agli esteri, come l' estero all' Italia, a diffondere, in somma, quanta luce più si può. Ora Ella potrebbe, con le sue comunicazioni concorrere in modo prezioso a questo scopo internazionale, che in questi momenti di guerre fratricide di essere tanto più proseguito. Odo che l'università d'Innsbruck va sempre più crescendo d'importanza, e l'interesserebbe qui di seguirne il movimento intellettuale; onde vorrei pregare la gentilezza di compiacersi a tenercene informati; in pari tempo, al prof. Jülg volgerei umilmento preghiera, perchè volesse comunicarli la notizia di quello che si pubblica nel campo delle lingue turaniche alle quali egli con tante gloria intende. Le sue lettere, che tradurrei in stesso in italiano non dovrebbero mancare die svegliare in Italia un proficuo interesse per li studii ch'Ell coltiva ed onora. Potreì io sperare tanto beneficio?

Nella lusinga, in ogni modo di suo desideratissimo riscontro, dopo il quale, se sarà favorevole, Ordinerò che Le venga immediamente e regolarmente spedita la Rivista Europea, io me Le riprotesto, pieno d'ossequiosa amicizia.

Firenze, 3 7bre 1870

Il suo deditissimo

A. DeGubernatis

Prof. ordin. di sanscrito

all' Istituto di Studi Superiori

4

Mio illustre Signore,

Mille grazie sentilissime per l'amabile sua del 1mo 9bre, e per la gentile promessa chi essa contiene. La sua cooperazione mi sarà preziosissima; ogni sua comunicazione mi riuscirà graditissima. Incomincio intanto a fare il mio debito, con lo spedirle la mia Rivista; nel numero rencluso (1°Xbre) annuncierò i preziosi suoi scritti. Conosco l'opera di Radloff, e me ne sono già, in gran parte, servito; m'interesserà vivamente una sua notizia sopra di essa; così, nessuno meglio di Lei e con più autorità può rilevarci il valore di Vámbéry e dà suoi nuovi studi.

Desidero ch'Ella mi offra occasione di attestarle tutta la mia gratitudine, mentre, con profondo rispetto e affettuosa stima, mi riconfermo

Il deditissimo suo

Angel DeGubernatis
Firenze, 4 9bre 1870

5
Carissimo Collega,
Il servizio ch'Ella mi domanda è così piccolo, e il piacere che un papà vuol
fare à suoi figli mi è così sacro, che mi affretto a mandarle qualche fran-
cobollo indiano, greco, rumeno, spagnuolo, portoghese, norvego, finlandese
ecc. per aderire al suo desiderio.

Quando mi capiteranno francobolli cinesi e giapponesi Ella riceverà anco
quelli; instanto mi creda sempre piene di affettuosa stima
Il suo devoto ed aff.
A. DeGubernatis
Firenze, 29 marzo 1877

Übersetzung

1
Geehrter Herr,
Ich kann es nicht länger hinauszögern, auf Ihre beiden sehr freundlichen
Briefe zu antworten.
Mit der Bekanntgabe Ihrer wichtigen Veröffentlichungen an meine Leser
habe ich nicht mehr als meine Pflicht getan; es ist daher Ihre Freundlichkeit,
mir den Dank auszusprechen, den Sie mir zukommen lassen wollen.

Ich freue mich sehr, dass Ihnen meine Studie über die Fragmente der
vedischen Epen[36] gefallen hat; diesem Werk werden noch zwei weitere über
die Mythen im Râmâyana und die Mythen im Mahâbhârata[37] folgen. In der
Zwischenzeit habe ich gestern meine Indische Enzyklopädie oder mein
Sanskrit-Italienisches Wörterbuch[38] fertiggestellt, ein Werk, an dem ich drei
Jahre lang gearbeitet habe, obwohl es durch andere Sorgen unterbrochen
wurde [?].

Auf diese Weise versuche ich, meine Schuld als guter Italiener zu be-
gleichen, indem ich so viel wie möglich, unermüdlich und gewissenhaft
arbeite.

Ich danke Ihnen, mein lieber Herr, für das freundliche Versprechen, das
Sie mir für Ihre wertvollen Veröffentlichungen gegeben haben, und ich
nehme diese Gelegenheit gerne wahr, um mich zu beweisen [als]
Ihr ergebenster
Florenz, 19. August 1867
Angelo DeGubernatis

---

36 *Fonti vediche dell' epopea.* Firenze: Fodratti 1867. 101 S. Sonderdruck aus *Rivista orientale.*
     1867:4–6.
37 *Studi sull' epopea indiana.* Firenze: Löscher 1868. 162 S. Sonderdruck aus *Rivista*
     *orientale.*1868:1.
38 *Piccola enciclopedia indiana.* Torino: Loescher 1867. 641 S.

2

Mein verehrter Herr,

Ich habe mit der Eisenbahn den Umschlag mit den beiden Büchern erhalten, die Sie mir freundlicherweise zukommen ließen. Ich beeilte mich, Ihnen zu danken und Ihnen mitzuteilen, dass ich mich mit ihnen befassen werde, wenn nicht in der *Rivista Orientale*, die ihre Veröffentlichungen einstellen musste, weil die Abonnenten nicht zahlten, dann im *Bollettino della Società Geografica Italiana*, für das ich einen Artikel über die sprachwissenschaftlichen Veröffentlichungen im Zusammenhang mit geografischen Studien schreibe. In dem vor einem Monat erschienenen Band des Bulletins hatte ich Gelegenheit, Ihre Abhandlung *Über Wesen* etc.[39] auf Seite 276 mit folgenden Worten zu zitieren: „Wir müssen nun eine Abhandlung von Professor Bernhard Jülg über Wesen und Amt der Sprachwissenschaft ankündigen, die wegen der vielsagenden Nachrichten wichtig ist, die Jülg uns darin über die turanischen Sprachen bringt." Ich werde natürlich mehr Worte über das neueste Werk verlieren, mit dem Sie mich zu beglücken wünschten, und das sicherlich von den wenigen intelligenten Sprechern der turanischen Sprachen geschätzt werden wird. Ich bin davon überzeugt, dass Sie jetzt ein oder zwei Exemplare an die Libreria Loescher[40] in Turin und Florenz und ebenso viele in Neapel an die Libreria Detken[41] schicken sollten, und drei oder vier Exemplare werden bestimmt zu platzieren sein. In Rom werden sicherlich einige Exemplare unterzubringen sein, aber ich weiß nicht, wie ich Ihnen eine Adresse einer Buchhandlung geben kann. Ich danke Ihnen nochmals ganz herzlich für die Freundlichkeit, die Sie mir mit Ihrem gewünschten Bild erwiesen haben; es tut mir leid, dass ich Ihnen jetzt nicht mehr von mir schicken kann als ein schlechtes Foto von vor drei Jahren.

In jedem Fall aber werden Sie zufrieden sein. Ich hoffe, dass Sie sich über meine gute Absicht freuen werden, während ich sie mit vollkommener Hochachtung erneuern möchte.
Ihr sehr ergebener und freundschaftlicher [?]
Angelo DeGubernatis

Florenz 14 September 1868

3

Verehrter Herr,

Erlauben Sie mir, an Ihr gnädiges Wohlwollen zu appellieren, indem ich Sie bitte, die Broschüre über indische Studien in Italien anzunehmen, die Prin-

---

39   Bernhard Jülg: *Über Wesen und Aufgabe der Sprachwissenschaft: mit einem Überblick über die Hauptergebnisse derselben;* nebst einem Anhang sprachwissenschaftlicher Literatur; Vortrag bei Gelegenheit der feierlichen Verkündigung der Preisaufgaben. Innsbruck: Wagner'sche Univ.-Buchhandlung 1868. IV, 63 S.

40   1861 von Hermann Löscher aus Leipzig eröffnete Buchhandlung in Turin, 1865 in Florenz, 1870 in Rom. Nach Löschers Tod (1892) wurde das Turiner Geschäft von der Witwe, Sofia Rauchenegger, weitergeführt; das in Florenz von Bernhard Seeber und das in Rom von Max Bretschneider und Walter Regenberg.

41   Die Buchhandlung Detken & Rocholl wurde 1838 in Neapel gegründet.

zessin Dora d'Istria[42] (Prinzessin Elena Kaltzoff Massalski) in einer eleganten Ausgabe der *Rivista Europea* entnommen hat, die ich am 1. eines jeden Monats in Florenz in einem Band von 200 Seiten herausgebe.

Zugleich erlaubt mir Ihre Freundlichkeit, einen Wunsch zu äußern.

Mit meiner *Rivista Europea*[43] (die übrigens sehr gut läuft und inzwischen die auflagenstärkste italienische Literaturzeitschrift ist) will ich vor allem die zivilisierten Länder einander näher bringen, sie einander bekannt machen, Italien dem Ausland und das Ausland Italien öffnen, kurzum, so viel Licht wie möglich verbreiten. Nun könnten Sie mit Ihren Mitteilungen einen wertvollen Beitrag zu diesem internationalen Ziel leisten, das in diesen Zeiten der Bruderkriege umso mehr fortgesetzt werden muss. Ich höre, dass die Universität Innsbruck immer mehr an Bedeutung gewinnt, und es würde sie hier interessieren, ihre intellektuelle Bewegung zu verfolgen; so möchte ich Sie bitten, uns darüber auf dem Laufenden zu halten; gleichzeitig bitte ich Herrn Prof. Jülg in aller Bescheidenheit, mir mitzuteilen, was auf dem Gebiet der turanischen Sprachen, das Sie so ruhmreich anstreben, veröffentlicht wird. Ihre Briefe, die ich ins Italienische übersetzen würde, dürften in Italien ein lohnendes Interesse an den Studien wecken, die Sie pflegen und ehren. Kann ich auf einen solchen Nutzen hoffen?

In der Hoffnung Ihrer höchst wünschenswerten Antwort, nach der ich, falls sie positiv ausfällt, anordnen werde, dass Ihnen die *Rivista Europea* sofort und regelmäßig zugesandt wird, empfehle ich mich Ihnen erneut, voller respektvoller Freundschaft.

Florenz, 3. Oktober 1870

Ihr sehr ergebener

A. DeGubernatis

Professor für Sanskrit

am Institut für Höhere Studien

4

Mein verehrter Herr,

Tausendmal herzlichen Dank für Ihr freundliches Schreiben vom 1. Oktober und für das darin enthaltene freundliche Versprechen. Ihre Mitarbeit ist für mich sehr wertvoll; jede Mitteilung von Ihnen ist mir sehr willkommen. In der Zwischenzeit beginne ich, meine Pflicht zu erfüllen, indem ich Ihnen mein Magazin schicke; in der beiliegenden Ausgabe (1. Oktober) werde ich Ihre wertvollen Schriften ankündigen. Ich kenne das Werk von Radloff[44]

---

42   Dora d'Istria (Bukarest 22. Jan. 1828–17. Nov. 1888 Florenz), Elena Kol'cova-Masal'skaja, rumänisch-albanische Schriftstellerin.

43   Gegründet 1869 von Gubernatis.

44   Friedrich Wilhelm Radloff (1837–1918), Orientalist, studierte in Berlin u.a. bei Wilhelm Schott, ging dann nach Russland, um tungusologische Feldforschung zu betreiben. Dieser Plan zerschlug sich, und er akzeptierte eine Lehrerstelle in Barnaul, unternahm aber in den Sommermonaten Expeditionen zu den Turkstämmen der Umgebung, wobei er sprachliches und folkloristisches Material sammelte. Er wurde später Direktor des Asiatischen Museums in St. Petersburg. Seine Hauptwerke sind: *Proben der Volkslitteratur der türkischen Stämme Süd-Sibiriens.* St. Petersburg: Akademie d. W. 1866–1907. 10 Bde. Texte und *Versuch eines Wörterbuchs der Türk-Dialecte.* St. Petersburg: Akademie d. W. 1893–1911. 4 Bde. Vgl.

und habe es bereits in großem Umfang genutzt; ich bin sehr an Ihren Neuig-
keiten darüber interessiert; niemand kann uns besser und mit mehr Autorität
über den Wert von Vámbéry[45] und seine neuen Studien unterrichten als Sie.

Ich bitte Sie, mir die Gelegenheit zu geben, Ihnen meine ganze Dank-
barkeit zu bezeugen, während ich mich mit tiefem Respekt und liebevoller
Hochachtung erneut bestätige
Ihr sehr ergebenster
Angelo DeGubernatis

Florenz, 4. November 1870

5
Lieber Herr Kollege,
Der Dienst, den Sie von mir verlangen, ist so gering, und die Freude, die ein
Vater seinen Kindern machen will, ist mir so heilig, dass ich mich beeile,
Ihnen einige indische, griechische, rumänische, spanische, portugiesische,
norwegische, finnische usw. Briefmarken zu schicken, um Ihrem Wunsch
zu entsprechen.

Wenn ich chinesische und japanische Briefmarken erhalte, werden Sie
diese auch erhalten; in der Zwischenzeit glauben Sie mir bitte, dass ich
immer voller liebevoller Hochachtung bin.
Mit ergebenen und liebevollen Grüßen.
A. DeGubernatis

Florenz, 29. März 1877

Ahmet Temir: Leben und Schaffen von Friedrich Wilhelm Radloff (1837–1918). Ein Beitrag
zur Geschichte der Türkologie. *Oriens* 8.1955, S. 51–93.

45   Armin Vámbéry (1892–1913), Turkologe und Forschungsreisender, 1865–1905 Professor für
Orientalische Sprachen in Budapest. Vgl. Constant von Wurzbach: Vámbéry, Hermann.
Biographisches Lexikon des Kaiserthums Oesterreich. 49. Theil. 1884, S. 239–249.

Vier Briefe von Alexander von Humboldt (1769–1859)

Der berühmte Forschungsreisende, Geologe und Naturforscher muss wohl nicht besonders vorgestellt werden. Seine eigenen Werke – insbesondere sein Lateinamerikaforschungen, der *Cosmos* sowie seine Beschreibung Zentralasiens – sind so bekannt und die Literatur über den Wissenschaftler so umfangreich, dass sich der Versuch eines biographischen Abrisses wie auch einer Würdigung erübrigt.

Die kurzen Schreiben, die hier vorgelegt werden, zeigen Alexander von Humboldts aktives Interesse nicht an der Naturwissenschaft, sondern an Sprach- und Literaturwissenschaft, womit der Forscher gewöhnlich nicht in Verbindung gebracht wird: Hier geht es darum, Jülg eine durch den Tibetologen und Mongolisten Isaak Jakob Schmidt in Aussicht gestellte Möglichkeit bei der Petersburger Akademie der Wissenschaften zu sichern. Schmidt hatte diese durch eine sehr lobende Besprechung vorbereitet, starb aber 1847, bevor er entscheidende weitere Schritte unternehmen konnte (vgl. Anm. 5). So erklärte sich Humboldt bereit, die Vermittlung zu Peter von Meyendorff, dem russischen Botschafter in Berlin zu übernehmen, um das Ziel vielleicht doch noch zu erreichen. Dies hat sich jedoch nicht realisieren lassen, und erst mit dem vielseitigen Linguisten Anton Schiefner (1817–1879) konnte einige Jahre später die Tradition Schmidts bei der Akademie fortgesetzt werden.

Mehr Erfolg hatte Humboldt bei seiner Bemühung, Theodor Benfey, dem talentvollen Indologen und Märchenforscher von der Universität Göttingen eine „fortlaufende Remuneration" zu verschaffen, um dem fleissigen Gelehrten in seiner prekären wirtschaftlichen Situation zu helfen (vgl. S. 17).

Briefe von A. v. Humboldt
1 Sonnabend
2 Dienstags
3 Mittwochs
4 11. Sept. 1850

1

Bei dem langen und freundschaftlichen Verkehr, in dem mein Bruder und ich mit Severin Vater[46] gestanden, ist es mir eine doppelte Freude gewesen zu sehen, daß seine Arbeit, welche alle Mängel seiner Zeit in sich trug, unter Ihren Händen so wesentlich vervollkomnet worden ist. Empfangen Euer Wohlgeb. den Ausdruck meines freundschaftlichsten und aufrichtigsten Dankes.
Al. Humboldt
Sonnabend

---

46 Johann Severin Vater (Altenburg 27. Mai 1771–16. März 1826 Halle), Professor für Theologie und orientalische Sprachen in Halle und zwischenzeitlich in Königsberg. Er trat besonders durch seine Beiträge zur Slawistik und zu den Indianersprachen hervor; für letztere nutzte er auch Material von A. von Humboldt. Vgl. Ernst Kuhn: Vater, Johann Severin. *ADB* 39.1895, 503–508.

Sr Wohlgeb
Herrn Dr. Jülg
(Brüderstraße
Nicolaische Buchhandlung)
Dorotheenstr. 85

(Preußische Schlösser und Gärten, Schloss Charlottenhof)

2

Der russ. Gesandte wünscht mit mir gemeinschaftlich in Petersburg für Sie
Schritte zu thun, die Ihnen Ihre Lage erleichtern könnten. Ich soll deshalb
Ew. WolhlE bitten, mich Freitags um halb zwei Uhr mit Ihrem Besuche zu
erfreuen. Bon Meyendorf[47] hält es aber für sehr wichtig, daß Sie, ehe die
Sache gelingt, nie mit jemand hier davon reden.
Mit der ausgezeichnetsten Hochachtung
Ew. WohlE gehorsamster Al. Humboldt
Dienstags

---

47   Peter von Meyendorff (Riga 13. Aug. 1796–7. März 1863 St. Petersburg), 1839–1850
         russischer Gesandter in Berlin. Vgl. Stefan Hartmann: Meyendorff, Peter. *NDB* 17.1994,
         288–289.

Sr WohlE
Herrn Bernhard Jülg
Dorotheenstraße 85
zwei Treppen
frei

3

Ich werde gern eilen gemeinschaftlich mit dem Herrn Gesandten Baron von Meyendorf Ihre Sache auf das wärmste in Russland zu empfehlen und wünsche den besten Erfolg. Wollen Sie theurer Herr Doctor, mich Freitags um 1 Uhr, übermorgen mit Ihrem Besuche erfreuend, mir auch zugleich Ihre kalmuck. Grammatik und armenische Abhandlung die ich verschicken soll mitbringen aber so couvertirt und mit Übersetzung des Titel der Arbeit und Ihres Namens daß wir sie gleich hier versiegeln können als Beylage zu meinem Antrage u. des Bon Meyendorf. Die sehr empfehlenden Briefe von Prof. Bopp u. Schott sind auch schon [in] meinen Händen.
Mit der ausgezeichnetsten Hochachtung
Ew WohlE gehorsamster Al. Humboldt
Mittwochs
Auch Ihr Vatersches Buch[48] muß ich Sie wol bitten [?] mir schon couvertirt u. versiegelt zu bringen.

Sr. WohlE
Herrn Dr. Jülg
Dorotheenstraße 85

4

Es hat nicht an meinem guten Willen und den Zeugnissen für Ihr ausgezeichnetes Sprachtalent gelegen, daß die Wünsche die Ew. WohlE mir aus dem Hause des HE Gesandten von Sydow[49] ausdrükten unerfüllt geblieben ist [!]. Es ist mir vom Ministerium der Wissenschaften geantwortet worden, daß wegen Überhäufung der Anwartschaften und des im hiesigen Lande nöthigen Oberlehrer-Examens Ihre Übersiedelung aus Badenschen Diensten nicht statt haben könnte. Ich weiß in der Entfernung, in der ich von allen anderen Ministerien lebe, Ihnen daher leider keinen Rath zu ertheilen als nun Versuche durch den, Ihnen wohlwollenden und als dem Cultus Minister sehr vertrauten, hier anweisenden d.h. das Ministerium des Auswärtigen verwaltenden HE Geh. Rath von Sydow machen zu lassen. Ich halte es für gefahrvoll, wenn Sie, durch vage Verheißungen getäuscht Ihre Stelle im Badenschen aufgeben wollten.

---

48   Das in Frage stehende Buch ist: *Litteratur der Grammatiken, Lexika und Wörtersammlungen aller Sprachen der Erde.* Berlin 1815, das Bernhard Jülg neu herausgegeben hatte: Zweite, völlig umgearbeitete Ausgabe. Berlin: Nicolai, 1847. XII, 592 S.

49   Rudolf von Sydow (Petznick 9. Sept. 1805–14. März 1872 Berlin), preußischer Legationsrat und Gesandter. 1845 war er als Gesandter in Brüssel, 1847 in Bern, 1853 Regierungspräsident von Hohenzollern.

Mit ausgezeichneter Hochachtung Ew. WohlE
gehorsamster
Al Humboldt

Potsdam d. 11 Sept. 1850

Sr. WohlE
Herrn Dr. Jülg
in Schloß Bellevue
bei Herrn Cott
Berlin
frei

Sechs Briefe von Alois Auer von Welsbach (1813–1869)

Alois Auer von Welsbach (Wels 11. Mai 1813–10. Juli 1869 Hietzing) stammte aus einer Flösserfamilie. Dank seiner Sprachkenntnisse und typographischen Bildung arbeitete er sich bis zum Direktor der k. u. k. Hof- und Staatsdruckerei empor, eine Position, die er 1841 bis 1864 innehatte. Durch die Anwendung verbesserter Techniken und Ausweitung der Typographien für andere Schriften wie auch die Erhöhung brachte er die Druckerei zu internationalem Ansehen. Auer ist auch für die erste Darstellung des Naturselbstdrucks bekannt.

Jülg fand für seine Bemühungen um eine mongolische und kalmükische Typographie bei Auer offene Ohren und einen kompetenten Gesprächspartner, wie die erhaltenen Briefe zeigen.
Vgl. Friedrich Klemm: Auer von Welsbach, Alois Ritter von (seit 1860). *NDB* 1.1953, 432.

Briefe von Alois Auer
1   30. April 1853
2   2. Juli 1853
3   5. Aug. 1853
4   28. Aug. 1853
5   27. Juni 1859
6   3. März 1864

1
Wien, den 30. April 1853

Hochgeehrter Herr Professor!
In der Anlage übersende ich Ihnen hiermit die Rauchabdrücke der Stahlstämpel von den ersten nach Ihrer Angabe angefertigten kalmückischen Schrift. Wie Sie bemerken werden, ist das sämtliche Alphabet und Sylla-

barium nebst Interpunctionen und den angegebenen langen Vocalen dar-
gestellt; da diese Abdrucke mit freier Hand gemacht wurden, so konnte
Linie und Stellung der verschiedenen nicht strenge beibehalten werden.

Belieben Sie selbe gefälligst genau durchzusehen und Ihre Meinung
darüber recht bald wissen zu lassen. Sollten die Stämpel – wie ich voraus-
zusetzen mir erlaube – Ihren Erwartungen entsprechen, so sollen selbe ohne
Zeitverlust eingeschlagen, justiert und gegossen werden, worauf sie dann
unmittelbar einen Preßabdruck eines Satzes erhalten sollen.

Eine größere kalmückische Schrift im Character der uns geliehenen
Petersburger Brochure ist bereits ebenfalls begonnen; die ersten Rauchabdrücke davon werden ihnen hoffentlich in Kürze zugesendet werden können.

Schmidt's mongolische Grammatik[50] habe ich mit Dank erhalten; ebenso
das kalmückische Vaterunser, welches Sie mit so vieler Aufmerksamkeit
zweimal geschrieben haben. Obwohl ein mongolisches Vaterunser vorhanden ist, so wäre es mir immerhin noch sehr angenehm, ein solches von Ihnen
zu erhalten, jedoch ebenfalls mit Transkription und Übersetzung. Wenn aber
Schnitt der beiden kalmückischen Schriften vollendet ist, so werde ich auch
das Mongolische rectificiren oder vielleicht ganz neu schneiden lassen.

Das in Ihrem werthen Schreiben erwähnte Buchstaben-Verzeichnis der-
jenigen kalmückischen Schriftcharactere, welche für buddhistische Literatur in Sanskrit und tibetischen Worten gebraucht werden, werden wir mit
Verbindlichkeit empfangen und ausführen. Bitte nur, die Zeichnung recht
klar und bestimmt zu geben, wie auch die Bezeichnung ihrer Anwendung
und Transcription.

Sie sehen aus dem Vorhergehenden, daß die Staatsdruckerei zu Wien
nunmehr auch mit Eifer in demjenigen Fache arbeitet, dem Sie sich seit so
vielen Jahren mit vieler Liebe und Aufopferung hingegeben haben. Ich
schätze die Frucht Ihrer ausdauernden Studien zu sehr, um nicht Ihre
Wünsche bezüglich der Veröffentlichung derselben so viel wie möglich zu
befördern.

Einer baldigen Antwort mit Interesse entgegen sehend, verbleibe ich mit
besonderer Hochachtung
Ihr ergebener Diener
Auer

An Seine des Herrn Professor Dr.
B. Jülg Wohlgeboren
In Krakau

2

Euer Wohlgeboren!
Eingeschlossen erhalten Sie abermals einen Rauchabdruck der seitdem
verbesserten und vermehrten Stämpel ab; belieben Sie nun die Form der

---

50   Isaak Jakob Schmidt: *Grammatik der mongolischen Sprache.* St. Petersburg: Akademie der
     Wissenschaften 1831. XII, 179 S.

einzelnen Buchstaben zu revidiren, da die Zusammenfügung mehrer Stämpel beim Abdrucken mit freier Hand unmöglich vollkommen genau sein kann. Wenn Sie die Form dieser Stämpel gut geheißen haben, sollen solche sogleich eingeschlagen, justiert und gegossen werden, wonach dann Ihrem Wunsche, einen ganzen kalmückischen Text vor Augen zu haben, mit Leichtigkeit und Vollkommenheit entsprochen werden kann. Jetzt aber ist dieß, selbst mit Aufwendung aller Mühe, gut auszuführen unmöglich!

Beigeschlossen zur gefälligen Vergleichung sind auch die Blätter, des ersten Rauchabdruckes, dann die losen Blätter, welche Sie ausgesendet haben, und endlich jene Blätter, die aus dem Werke genommen sind, welches hier zurückgelassen wurde; die letzteren ersuche ich, mit den Rauchabdrucken wieder zurücksenden zu wollen.

Sehr angenehm wird es mir sein, sobald wie möglich etwas Vollständiges im Drucke ausführen zu können, worunter ich wenigstens das vollständige Alphabet mit allen Ligaturen samt Sprach- und Textproben verstehe. Jedenfalls bin ich geneigt, nach Vollendung dieser Zwei Galik[51]- oder kalmückischen Alphabete zur Rectificirung des Mongolischen und Mandschu zu schreiten.

Nach Vollendung der Schrift selbst, dürften – meines Erachtens – einer Drucklegung von Werken in diesen Sprachen kaum große Hindernisse im Wege stehen.

Einer baldigen Mittheilung von Ihrer Seite, und der Vollendung eines Theiles unseres Unternehmens entgegen sehend, verbleibe ich achtungsvoll Ihr ergebener Auer

Wien, 2. Juli 1853

An S^e
des Herrn Drs Jülg, Professors an der k.k. Universität
Wohlgeboren
zu Krakau

3

Hochgeehrter Herr Professor!
Beigeschlossen diesen Zeilen befinden sich die Rauchabdrucke der größeren kalmückischen Schrift sammt dem Originale, da Sie solches vielleicht zur Vergleichung benöthigen könnten. Ich hoffe, daß dieselbe Ihren Beifall finden dürfte, jedenfalls aber ersuche ich, alle erforderlichen strengen Correcturen, die sich zur Verbesserungen und Vervollständigung noch darbieten, vornehmen zu wollen.

Die kleinere kalmückische Schrift ist bereits eingeschlagen (um die kupfernen Matrizen zu erhalten) und wird gegenwärtig justiert; hierauf wird alsogleich ein Probeabguß und Probesatz angefertigt werden, welch Letz-

---

51 Galik – mong.: Aligali – Erweiterung der mongolischen Schrift für die Schreibung aus dem Sanskrit entlehnter buddhistischer Namen und Begriffe.

terer zur Einsicht und Begutachtung Ihnen im Abdruck zugesendet werden wird.

Ich zweifle nicht, daß wir binnen einigen Monaten den Druck eines kalmückischen Werkes aus Ihren Sachen werden beginnen können, wenn die Bewilligung hiezu ertheilt seyn wird.

Ich verbleibe mit Hochachtung

Ihr ergebener Auer

Wien, den 5. August 1853

Seiner Wohlgeboren
Herrn Dr. Jülg
k.k Professor an der Universität
zu Krakau

4

Euer Wohlgeboren!

Hiebei folgt eine neuere Correcturen der größeren kalmückischen Schrift, bei welcher die von Ihnen angegebenen Verbesserungen vorgenommen worden sind. Ich ersuche, solche noch einmal Ihrer Prüfung zu unterwerfen und sie mir dann gefälligst wieder zusenden zu wollen.

Die zuerst angefertigte kleinere kalmückische Schrift ist noch im Guße; es wird eifrig daran gearbeitet, und ich hoffe, binnen wenigen Wochen Ihnen einen Preßabzug eines kalmückischen Satzes übersenden zu können.

Ich verbleibe wie immer mit Achtung

Ihr ergebener Auer

Wien den 28. August 1853

Seiner Wohlgeboren
Herrn Dr. Jülg
k.k. Professor an der Universität
zu Krakau

5

Euer Hochwohlgeboren!

Ich beehre mich in der Anlage eine Grammatik der kalmückischen Sprache und ein kalmückisches Traktätchen zu übermitteln, welche Euer Hochwohlgeboren mir vor längerer Zeit nebst mehren anderen Werken über die kalmückische Sprache zur Zusammenstellung eines Tableau dieser Sprache gütigst überlassen haben.

Nachdem ich bereits früher Euer Hochwohlgeboren einige der geliehenen Werke durch den Herrn Professor Ritter von Zepharovich[52] zu übermitteln die Ehre hatte, bilden die beiden mitfolgenden Bücher den Schluß

---

52   Victor Leopold Ritter von Zepharovich (Wien 1830–1890 Prag), Professor der Mineralogie an der Universität Prag. Vgl. Constantin von Wurzbach: *Zepharovich, Victor Leopold Ritter von*. In: *Biographisches Lexikon des Kaiserthums Oesterreich*. 59. Theil. Kaiserlich-königliche Hof- und Staatsdruckerei, Wien 1890, S. 326–328.

des mir Geliehenen, wofür ich hiermit meinen verbindlichsten Dank aus-
spreche.
Genehmigen Herr Professor schließlich die Versicherung besonderer Hochachtung womit sich zeichnend
Euer Hochwohlgeboren
ergebener Auer
k.k. Hofrath

Wien 27. Juni 1859

6
Verehrter Herr Professor!
Die mir mit dem geschätzten Schreiben vom 29. Februar d. J. zugekommene
Nachricht von Ihrer Übersiedlung nach Innsbruck hat mich ebenso wie die
Mittheilung von der vollendeten Übersetzung der kalmückischen Märchen
sehr interessiert und ich bedaure nur, daß ich verhindert war, Sie bei Ihrer
Durchreise in Wien zu sehen.

Im Falle Ihr Werk durch die kais. Akademie der Wissenschaften herausgegeben wird und zur Drucklegung an die k. k. Hof- und Staatsdruckerei
gelangt, wird mit Vergnügen alles besondere Rücksicht darauf genommen
werden, um es in entsprechender Weise auszustatten.

Rücksichtlich der Angelegenheit des Herrn Dr. Foregg beehre ich mich
zu erwiedern, daß mir dessen Gesuch durch die k.k. Statthalterei in Innsbruck zugekommen ist.

Leider bin ich aber bei den gegenwärtigen Verhältnissen, wo von dem
hohen Finanz-Ministerium in Folge h. Reichsratsbeschlusses zur Erzielung
von Ersparungen die äußerste Beschränkung im Personalstande angeordnet
ist, nicht in der Lage gewesen, dem Wunsche des Herrn Dr. Foregg[53] zu
entsprechen, was ich auch schriftlich der hochlöblichen Statthalterei zu
Innsbruck mitgetheilt habe.
Mit vorzüglicher Hochachtung verharrt
Euer Wohlgeboren
ergebener Diener
Auer
k.k. Hofrath

Wien, 3. März 1864

---

53   Dr. Anton Foregg, Skriptor an der Universitätsbibliothek Innsbruck.

Vier Briefe von Hermann Brockhaus (1806–1877)

Der Indologe Hermann Brockhaus wurde am 28. Januar 1806 in Amsterdam geboren und starb am 5. Januar 1877 in Leipzig.[54] Er war das fünfte Kind und der dritte Sohn des Buchhändlers Friedrich Arnold Brockhaus (1772–1823) und seiner Frau Sophie, geb. Beurhaus (1777–1809).[55] Nachdem die Mutter kurz nach der Geburt ihres siebten Kindes gestorben war, siedelte die Familie 1810 nach Leipzig über, wo der Vater 1814 den nach ihm benannten F. A. Brockhaus Verlag gründete. Die beiden älteren Söhne Friedrich und Heinrich traten beide in die Fußstapfen des Vaters und wurden ebenfalls Buchhändler und Verleger. Hermann dagegen immatrikulierte sich am 29. März 1825 in seiner Heimatstadt Leipzig zunächst für

---

54 Eine umfassende Biographie von Hermann Brockhaus fehlt bisher; es folgt eine Auswahl an biographischen Artikeln und Würdigungen:

- Karl von Prantl: Hermann Brockhaus (Nekrolog). *Sitzungsberichte der Bayerischen Akademie der Wissenschaften, Phil.-hist. Klasse* 1877, 61–64.
- Hermann Camillo Kellner: Brockhaus, Hermann. *ADB* 47. 1903, 263–272.
- Ernst Windisch: *Geschichte der Sanskritphilologie und Indischen Altertumskunde.* Strassburg: Trübner 1920, 211–214.
- Willibald Kirfel: Brockhaus, Herrmann. *NDB* 2.1955, 626–627.
- Klaus Mylius: Bedeutende Traditionen der Indologie an der Universität Leipzig. *Wissenschaftliche Zeitschrift der Karl-Marx-Universität Leipzig* 28.1979, 47–66 (speziell S. 47–50).
- Valentina Stache-Rosen: Hermann Brockhaus 1806–1877. *German Indologists. Biographies of scholars in Indian studies writing in German.* New Delhi: Max Müller Bhavan 1981, 30–31.
- Klaus Karttunen: Brockhaus, Hermann. *Persons of Indian Studies.* Online Publication: 2017. http://whowaswho-indology.info/974/ brockhaus-hermann/ (abgerufen am 4.5.2018).
- Eliahu Franco: Der Indologe und Orientalist Hermann Brockhaus. Universitätsarchiv Leipzig: *Herausragende Gelehrte der Alma mater.* Online unter: https://www.archiv.uni-leipzig.de/geschichte/ hermann-brockhaus/ (abgerufen am 4.5. 2018).
- Nachlass Hermann Brockhaus in der Niedersächsischen Staats- und Universitätsbibliothek Göttingen. Signatur: 8 Cod. Ms. philos. 198.

55 Zur Familie Brockhaus siehe: Peter von Gebhardt: *Geschichte der Familie Brockhaus aus Unna in Westfalen.* Leipzig: Brockhaus 1828; *Familienbuch Euregio.* Online unter: http://familienbuch-euregio.eu/genius/?person =151377 (abgerufen am 4.5.2018).

Theologie, wobei er sich hauptsächlich mit orientalischen Sprachen, speziell Hebräisch beschäftigte.[56] Er wechselte 1826 nach Göttingen und änderte auch die Studienrichtung, und im Wintersemester 1827 war er in Bonn für Philologie eingeschrieben. August Wilhelm von Schlegel und Christian Lassen weckten sein Interesse für Sanskrit und indische Literatur und Brockhaus ging 1829 zum Studium indischer Handschriften ins Ausland und verbrachte die folgenden Jahre in Kopenhagen, Paris, London und Oxford. Hier entdeckte er die reiche Gattung der indischen Märchenliteratur und veröffentlichte 1834 erste Übersetzungen einiger Episoden aus der Märchensammlung des Somadeva,[57] die sein Lebenswerk werden sollte. Erst 1835 kehrte er nach Deutschland zurück und gab im selben Jahr zwei dieser Stücke mit Sanskrit-Text und deutscher Übersetzung heraus,[58] für die er 1838 in Leipzig die Doktorwürde erhielt. Im folgenden Jahr veröffentlichte er die Übersetzung der ersten fünf Bücher von Somadevas Märchensammlung; 1843, 1862 und 1866 folgte die vollständige Ausgabe mit Übersetzung.

1839 wurde Hermann Brockhaus zum ausserordentlichen Professor für orientalische Sprachen in Jena ernannt und 1841 wechselte er in gleicher Position nach Leipzig, wo er 1848 zum ordentlichen Professor für Altindische Sprache und Literatur ernannt wurde und wo er insgesamt 35 Jahre lang bis zu seinem Tod lehrte. Er zählte eine ganze Generation von Indologen, darunter Max Müller, zu seinen Schülern. Neben seiner Bedeutung als Lehrer hat er vor allem als Mitbegründer der Deutschen Morgenländischen Gesellschaft, deren Zeitschrift er seit 1853 redigierte, grossen Einfluss erlangt.

Brockhaus hatte vielseitige Interessen. Neben der Märchenliteratur befasste er sich in seinen frühen Jahren auch mit dem Sanskrit-Schauspiel. 1835 erschien seine Ausgabe des philosophisch-allegorischen Stückes Prabodhacandrodaya,[59] die Edition zweier Dramen von Kālidāsa, Mālavikāgnimitra und Śakuntalā überliess er seinen Kollegen Otto Tullberg und Otto Böhtlingk. Daneben hat er sich mit indischer Mathematik beschäftigt[60] sowie mit Avesta[61] und Persisch.[62] Sowohl bei den Avesta-Studien, wie auch bei der Edition von Sanskrit Texten setzte er sich für die Transkription in lateinischer Schrift ein.[63] Er unterrichtete neben Sanskrit

---

56   Universitätsarchiv Leipzig: Matrikel. Rektor M 16.

57   [Hermann Brockhaus]: Indische Märchen. Kathâ sarit sâgara, die Märchensammlung des Soma Deva aus Kaschmir. *Blätter für literarische Unterhaltung*, Nr. 152, 1.6.1834, 625–627; Nr. 153, 2.6.1834, 629–631; Nr. 154, 3.6.1834, 633–635.

58   Hermann Brockhaus: *Gründung der Stadt Pataliputra und Geschichte der Upakosa. Fragmente aus dem Kathâ sarit sâgara des Soma Deva. Sanskrit und Deutsch.* Leipzig: Brockhaus 1835. IV, 16 S. + 15 S.

59   Hermann Brockhaus: *Prabodha Chandrodaya Krischna Misri comoedia / Sanscrite et Latine.* Leipzig: Brockhaus 1835. VI, 118 S.

60   Hermann Brockhaus: Zur Geschichte des indischen Ziffersystems. *ZDMG* 3.1842, 74–83. Ders.: Über die Algebra des Bhāskara. *Berichte über die Verhandlungen der Sächsischen Akademie der Wissenschaft zu Leipzig, Philologisch-Historische Klasse* 4.1852, 1–46.

61   Hermann Brockhaus: *Vendidad Sade, die heiligen Schriften Yaçna, Vispered und Vendidad; nach den lithographirten Ausgaben von Paris und Bombay mit Index und Glossar.* Leipzig: Brockhaus 1850. XIV, 416 S.

62   Hermann Brockhaus: *Die sieben weisen Meister von Nachschebi.* [Aus dem Persischen herausgegeben]. Leipzig: Brockhaus 1845. 12. S.; Ders.: *Dīwān-i Ḥāfiẓ – Die Lieder des Hafis: persisch, mit dem Commentar des Sudi herausgegeben.* 3 Bände. Leipzig: Brockhaus 1854, 1858, 1860.

63   Hermann Brockhaus: *Über den Druck Sanskritischer Werke mit Lateinischen Buchstaben. Ein Vorschlag.* Leipzig: Brockhaus 1841. 99 S.; Ders.: Die Transscription des Arabischen Alphabets. *ZDMG* 17.1863, 441–543.

ausserdem Persisch, Armenisch und Chinesisch[64] und lernte 1841 in Jena sogar Finnisch. Einige Jahre später, als Jakob Grimm das finnische Epos Kalevala in Deutschland bekannt machte,[65] war Brockhaus, mit seiner Vorliebe für die Märchen- und Fabelliteratur, davon sehr fasziniert. Von dem 1835 von Elias Lönnrot veröffentlichten Werk war 1841 eine schwedische und 1845 eine französische Übersetzung erschienen, und als 1846 der Finne Hermann Kellgren nach Leipzig kam, um bei Brockhaus Sanskrit zu studieren, haben sie sich wohl gemeinsam mit dem Kalevala-Epos befasst, denn beide dachten daran, eine deutsche Übersetzung des Werkes anzufertigen.[66]

Briefe von Brockhaus

1	2. Okt. 1862
2	12. März 1866
3	25. Sept. 1868
4	17. August 1874

1

DEUTSCHE MORGENLÄNDISCHE GESELLSCHAFT

Leipzig, 2 October 1862

Hochgeehrtester Herr Professor!
Die Notiz über eine Ausgabe des Sanskrit-Originals der Vetâla-pañcaviṇçatikâ, die ich Ihnen in Augsburg mittheilte, ist leider nicht richtig gewesen. Mein Gedächtnis hatte mich getäuscht.

In den Monatsberichten der Kgl. Akademie der Wißenschaften in Berlin nämlich theilt Weber (Sitzg. vom 23 Juni 1853, p. 432 ff.) einen Brief von Rost aus Canterbury mit, in welchem dieser von einer Sendung von Sanskrit-Büchern, die er aus Benares erhalten hatte, berichtet. Unter diesen Büchern findet sich aber das Vetalapa. <u>nicht</u>. Darauf folgt ein Brief eines indischen Buchhändlers, und in diesem wird (p. 430) die Vetalap. erwähnt, aber als <u>bengalische</u> Übersetzung.

Diese Übersetzung in das Bengali würde schwer aufzutreiben sein, und auch wohl nicht ganz Ihren Zwecken entsprechend, obgleich diese, soviel ich von solchen Übersetzungen kenne, sich meist genau an den Sanskrit-Originalen anschließen.

---

64 Siehe die Vorlesungsverzeichnisse der Universität Leipzig. Online unter: *http://histvv.uni-leipzig.de/dozenten/brockhaus_hermann.html* (abgerufen am 4.5.2018).

65 Jakob Grimm: Über das finnische Epos. *Zeitschrift für Wissenschaft der Sprache* 1.1845, 13–55.

66 Siehe hierzu Pirko Alhoniemi: The reception of the Kalevala and its impact on the arts. In: Lauri Honko (Hg.): *Religion, Myth and Folklore in the World's Epics: The Kalevala and its predecessors*. Berlin, New York: De Gruyter 1990, 231–244. Siehe auch Hannes Saarinen: Wissenschafts- und Universitätskontakte zwischen Deutschland und dem nördlichen Ostseeraum im 18. und 19. Jahrhundert. In: Jan Hecker-Stampehl, Bernd Henningsen (Hg.): *Geschichte, Politik und Kultur im Ostseeraum*. Berlin: BWV 2012, 169–190.

Eine andere Übersetzung in das Hindi mit englischer Übersetzung ist vor einigen Jahren von Eastwick[67] besorgt in London erschienen. Diese ist Ihnen wahrscheinlich bekannt, sowie die übersetzten Auszüge nach dem Hindi-Texte von Lancereau im Journal Asiatique 1851 u. 1852. Doch sind die Hindi-Übersetzungen meistens nicht so genau als die Bengalischen.

Hoffentlich sind Sie glücklich in die Heimath zurückgekehrt. Die Tage in Augsburg waren freundlich, und im nächsten Jahre denke ich begrüße ich Sie in unserem Vaterlande.

Mit ausgezeichneter Hochachtung
Ihr ergebener
Hermann Brockhaus

2

Hochgeehrtester Herr Professor!

Mit vielem Danke melde ich Ihnen den richtigen Empfang Ihrer Ausgabe und Bearbeitung des Siddhikür, der aber erst nach langer Wanderung in meine Hände gekommen ist. Mit großem Interesse habe ich Ihre Übersetzung des merkwürdigen Buches gelesen, und die Anklänge Indischer Welt aus dem Munde der Mongolen vernommen. Es ist doch eine merkwürdige Macht in dem Indischen Geiste, daß er sich überallhin fruchtbringend verbreitet hat, nicht nur die gebildeten Völker des Abendlandes mit seinen einfachen Märchen und Novellen bezwang, sondern sogar die wilden barbarischen Horden in Mittelasien in seine Zauberkreise zog.

Leider kann ich nur von Ihrer Übersetzung Gebrauch machen, denn bis zum Kalmückischen dringe ich nicht mehr vor, so sehr Sie auch durch Ihre Glossen den Zugang zu dem Werke ermöglicht haben. Ich wollte, Sie hätten zu dem Originaltext eine lateinische Transcription hinzugefügt, um den Zugang zum Mongolischen, wie für linguistische Zwecke, zu erleichtern. Es hätte ja wenig Raum in Anspruch genommen.

Gabelentz schreibt mir, daß er für die Zeitschrift der DMG eine Besprechung Ihres Werkes einsenden werde. Jetzt wo die Ferien begonnen haben, werde ich für das Centralblatt eine Anzeige machen.

Ich selbst laße jetzt den Somadeva[68] weiter drucken, in welchem Sie eine vollständige Bearbeitung der 25 Vetâla-Erzählungen finden werden. Ich hoffe bis Mitte des Sommers ziemlich fertig zu sein, so daß nur noch ein kleiner Rest für die Zukunft übrig bleibt, und dazu wird sich auch wohl noch die Zeit finden. Dann werde ich die Vetâlapañcavinçati und die Sinhâsana dvâtrinçati in ihrer alterthümlichen Originalform folgen lassen, zu denen ich vieles handschriftliches Material besitze.

Mit ausgezeichneter Hochachtung
Ihr ergebener

---

67 *The Baitâl Pachisi, or twenty five tales of a demon*: [hindustani u. engl.]; a new ed. of the Hinditext by W[illiam] Burckhardt Barker. Ed by E. B. Eastwick [1814–1883]. Hertford: Austin, 1845. X, 369 S.

68 *Kathâ Sarit Sâgara.* Die Märchensammlung des Sri Somadeva Bhatta aus Kaschmir. Buch IX–XVIII. Leipzig: Brockhaus 1866. IV, 628 S. – Buch VI–VIII erschienen 1862. IV, 236 S., Buch I–V 1839. 469, 157 S.

Hermann Brockhaus
Leipzig. 12 März 1866

Sr. Wohlgeboren
Herrn Professor Dr. B. Jülg
in Innsbruck

3

Hochgeehrtester Herr Professor!

Vor einigen Tagen bin ich von einem längeren Badeaufenthalte hieher zurückgekehrt, und habe Ihre Mongolischen Märchen vorgefunden und natürlich sogleich durchgelesen. Ich sage Ihnen für das interessante Werk meinen verbindlichsten Dank. Die Übereinstimmung zwischen dem Siddhi Kür und der Vetâlapańćavinçati ist merkwürdig genug. Kaum daß eine und die andere Erzählung mit dem Indischen Originale ganz zusammenfällt, öfters sind mehrere Indische Erzählungen in Eine zusammengeschmolzen, die meisten aber sind durchaus fremd, und haben im Original kein Vorbild. Man scheint aber in die lockere Form der Rahmenerzählung aus allen Ecken und Enden Erzählungen zusammengelesen und ein gereiht zu haben. Den Grundcharakter der Indischen Rahmenerzählung wird sich der König das Leben statt rettet, indem er scharfsinnig die Räthsel, die aus der Erzählung ihm vom Vetâla gestellt werden, löst, ist im Mongolischen ganz verloren gegangen, und die Reden des Königs am Ende sind von einer jammervollen Trivialität, und die ganze Situation sind dadurch so dumm, weil durch diese nichtssagenden Exclamationen er stets die Hülfe des Siddhi-kür verliert, während im Original der König stets in die schlimme Alternative gestellt wird zu sprechen, und dadurch den Vetâla zu verlieren, oder zu schweigen, und dann von dem Vetâla zerschmettert zu werden. Auch macht sich das Mongolenthum, das ich nicht sehr liebe, in den einzelnen Erzählungen öfter in unangenehmer Weise breit.

Die einzige Recension der Sinhâsana-dvatrinçati [69], die ich kenne, stimmte mit der einfachen Redaction, in welcher die Statuen nur Eine Erzählung von den Heldenthaten des Vikramâditya erzählen, überein. Die von Ihnen charakterisirte Geschichte des Gasna-Khan ist wohl eine spätere Erweiterung der ursprünglichen Anlage, gerade wie die ja auch bei den Sieben Meistern eingetreten ist. Nebenbei, sollte Gasna, Kisna usw. nicht eine Verunstaltung von Krishna sein? Im Sanskrit fehlt diesen Erzählungen durchaus der Duft der Märchenpoesie; es sind durchgängig moralische Erzählungen, in der outrirten Weise des Buddhismus durchgeführt, aber von einem so edeln ethischen Pathos erfüllt, daß man vielen dieser Erzählungen,

---

[69] Der Erzählungszyklus wurde von Hans Conon von der Gabelentz aus einem mongolischen Manuskript der Sammlung M. A. Castrén übersetzt, aber erst viel später von H. Walravens publiziert: *Die Geschichte von Kasna Chan. Ein mongolischer Erzählungszyklus.* Nach einer nun verschollenen Handschrift übersetzt von Hans Conon von der Gabelentz. Aus dem Manuskript herausgegeben. Wiesbaden: Harrassowitz 2004. 198 S. (Sinologica Coloniensia 22)

mit leichten Modificationen, in jede Sammlung moralischer Erzählungen für das Haus und die Schule aufnehmen könnte.

Ich bewundere Ihren Fleiß und Ihre Ausdauer, und solche Meisterschaft in den schwierigen Sprachen der Mongolischen Stämme errungen zu haben. Jetzt haben Sie für die Mongolisten genug geleistet, Sie sollten nun auch für die Linguisten sorgen, und durch eine Umschreibung in eine allgemein lesbare Schrift und durch grammatische Analyse den Zugang zu diesen Sprachen eröffnen, die durch ihre eigenthümliche syntaktische Bedeutung der Rede für die allgemeine Grammatik und vergleichende Syntax höchst werthvoll sein würde.

Aus dem Programm der Würzburger Versammlung ersehe ich, daß Sie einen Vortrag dort halten werden, den ich gern hören würde. Hoffentlich lassen Sie ihn bald drucken, denn ich werde dort nicht zugegen sein.
Mit ausgezeichneter Hochachtung
Ihr ergebener
Hermann Brockhaus

Leipzig. 25 September 1868

Sr. Wohlgeboren
Herrn Professor Dr. Bernhard Jülg
in Innsbruck

4
Hochgeehrter Herr College!
Ihren freundlichen Brief vom 4. d. M. habe ich richtig erhalten. ----- [70] Innsbrucker Versammlung --- Orientalistische Section betreffen. Ich hatte es mir sehr schön ausgemalt und in den ersten Wochen des Augusts wollte ich mit meiner Frau nach Tyrol gehen, in Innsbruck von Ihnen Rath erbitten, wo man sich --------einige Wochen niederlaßen könnte, und dann zur Versammlung nach Innsbruck zurückkehren. Nun kommt dieser internationale Congreß in London dazwischen. Anfangs wollte ich nicht daran theilnehmen, da aber unsere Regierung mich mit dem Besuche des Congresses beauftragte, mußte ich mich fügen. Es wird gewiß ganz interessant in London sein, aber ich wäre lieber ruhig in den Bergen gewesen als in dem Gebrause der Weltstadt.

Wahrscheinlich aber wird meine Frau in Begleitung ihres Sohnes nach Tyrol gehen. Ich erlaube mir, Ihnen beide zur freundlicher Aufnahme zu empfehlen und mit besten Rathschlägen zu weiterer Reise zu versehen.
Mit ausgezeichneter Hochachtung
Ihr treu ergebener
Hermann Brockhaus
Leipzig 17 August 1874

---

70   Hier und im folgenden Satz Textlücken durch Beschädigung des Briefes.

Fünf Briefe von Aleksandr Nikolaevič Veselovskij (1838–1906)

Aleksandr Nikolaevič Veselovskij (Moskau 16. Febr. 1838–23. Okt. 1906 St. Petersburg), Literatur- und Sprachwissenschaftler, studierte in Moskau und war einige Zeit als Hauslehrer des russischen Gesandten in Spanien, bevor er sein Studium bei Heyman Steinthal (1823–1899) in Berlin sowie in Prag fortsetzte und sich dann einige Jahre in Italien mit der mittelalterlichen italienischen Literatur machte.

Er war ausserordentlicher Professor an der Fakultät für Allgemeine Literatur an der Universität Moskau (1870–1872). Ausserordentlicher Professor der Universität St. Petersburg (seit 1872); ordentlicher Professor (seit 1879); emeritierter Professor (seit 1895). Professor für höhere Frauenkurse (seit 1872). Alexander Nikolaevič Veselovskij starb am 23. Oktober 1906. Er ist auf dem Novodeviči-Friedhof in St. Petersburg begraben. Er gilt als Begründer der russischen Schule der Komparatistik.

Veselovskij wurde am 4. (16.) Februar 1838 in Moskau in der Familie des Militärlehrers Nikolaj Alekseevič Veselovskij (1810–1885) geboren; seine Mutter war Augusta Fedorovna, geborene Lisevič.[71]

Im Jahr 1854 schloss er das 2. Moskauer Gymnasium mit einer Goldmedaille ab und trat in die Historisch-Philologische Fakultät der Moskauer Universität ein. Er studierte hauptsächlich bei den Professoren F.I. Buslaev, O.M. Bodjanskij und P.N. Kudrjavcev. Nach Abschluss des Studiums (1859) arbeitete er ein Jahr lang als Hauslehrer in der Familie des russischen Botschafters in Spanien, Fürst M. A. Golicyn, und besuchte Italien, Frankreich und England. Im Jahr 1862 wurde er ins Ausland geschickt, um sich auf eine Professur vorzubereiten: Er verbrachte mehr als ein Jahr in Berlin; 1863 studierte er Slawistik in Prag, und schliesslich hielt er sich mehrere Jahre in Italien auf, wo er 1869 sein erstes grosses Werk *Il paradiso degli Alberti* veröffentlichte.

1870 übersetzte Veselovskij die Einleitung zu diesem Roman von Giovanni Gherardi[72] ins Russische und legte seine Studie als Magisterarbeit an der Moskauer Universität vor ('Villa Alberti', neues Material für die Charakterisierung des literarischen und sozialen Wandels im italienischen Leben des XIV.–XV. Jahrhunderts. Moskau, 1870). Das Vorwort zur Ausgabe des Textes zuerst von Veselovskij ausgegraben, die Studie über den Autor dieses Romans und seine Beziehungen zu zeitgenössischen literarischen Trends wurden von massgeblichen Wissenschaftlern wie etwa Felix Liebrecht als in vielerlei Hinsicht beispielhaft (die italienische Ausgabe Veselovskijs wird im Westen bis zum heutigen Tag verwendet) anerkannt. Veselovskij wies auf die besondere Bedeutung hin, die er dem Studium solcher Denkmäler im Zusammenhang mit den so genannten Übergangsperioden in der Geschichte beimisst, und brachte 1870 seine

---

71 Da Veselovskij in Westeuropa weniger bekannt ist, wurde die biographische Darstellung ausführlicher gehalten; sie stützt sich auf die russische Wikipedia.

72 Auch: Giovanni da Prato (um 1367–um 1446). Das Buch enthält Gespräche Florentiner Bürger und Humanisten aus dem Jahre 1389.

allgemeine Haltung zur italienischen Renaissance zum Ausdruck, eine
Haltung, die er später in seinem Artikel Противоречия итальянского
Возрождения (Die Widersprüche der italienischen Renaissance in *Zeitschrift des Ministeriums für Volksbildung*[73], 1888) beibehielt, allerdings in
einer tieferen und durchdachteren Formulierung.

   Unter den anderen Werken von A. N. Veselovskij, die sich auf dieselbe
Epoche der Renaissance in verschiedenen Ländern Europas beziehen, ist
eine Reihe von Aufsätzen zu erwähnen, die hauptsächlich im *Vestnik Evro-
py* (Bote Europas) gedruckt wurden: über Dante (1866), über Giordano
Bruno (1871), über Francesco de Barberino und Boccaccio („Beseda" (Ge-
spräch) 1872), über Rabelais (1878), über Robert Greene (1879) und andere.
Mit seiner nächsten Dissertation betrat Veselovskij ein weiteres wissen-
schaftliches Forschungsgebiet: das historische und vergleichende Studium
von Volksmärchen (Slawische Märchen von Salomon und Kitovras und die

---

73   Журнал Министерства народного просвещения.

westlichen Morolf- und Merlin-Legenden[74], St. Petersburg, 1872), wobei er in einem eigenen Artikel die Bedeutung der historisch-vergleichenden Methode, für die er eintrat, erläuterte (*Zeitschrift des Ministeriums für Volksbildung. Band CLII*). Veselovskij erörterte die Frage des vergleichenden Studiums von Märchen, rituellen Traditionen und Bräuchen in einem seiner frühesten Werke (1859) und später in zwei italienischen Artikeln (über Volkslegenden in den Gedichten von Ant. Puggi, *Atteneo Italiano*, 1866; über das Motiv der „verfolgten Schönheit" in verschiedenen Monumenten der mittelalterlichen Literatur, anlässlich der italienischen Novelle von der Königin von Dakien. Pisa, 1866). In seinem späteren Werk legte der Autor eine umfassende Studie über die Geschichte der literarischen Kommunikation zwischen Ost und West vor, in der er die Passagen der Salomonsagen von den Denkmälern der indischen Literatur, den jüdischen und muslimischen Legenden bis zu ihrem späteren Widerhall in den russischen spirituellen Gedichten und, am Rande Westeuropas, in den keltischen Sagen nachzeichnete. Veselovskij verteidigte die Theorie der literarischen Entlehnungen (Benfey, Dunlop-Liebrecht, Pypin) im Gegensatz zu der früheren Schule (Jakob Grimm und seine Anhänger), die die Ähnlichkeit der verschiedenen Legenden der indoeuropäischen Völker mit ihrem gemeinsamen Ursprung in der ur-indoeuropäischen Tradition erklärte, und konzentrierte sich auf die Bedeutung von Byzanz in der europäischen Kulturgeschichte und wies auf seine Vermittlerrolle zwischen dem Osten und dem Westen hin.

In der Folge kehrte Veselovskij mehr als einmal zum Thema seiner Dissertation zurück und ergänzte und korrigierte teilweise die zuvor formulierten Thesen (vgl. Neue Daten zur Geschichte der Legenden Salomos in den *Mitteilungen der 2. Abteilung der Akademie der Wissenschaften*[75], 1882). Neben dem erwähnten Thema untersuchte er mit besonderer Ausführlichkeit die Erzählzyklen über Alexander den Grossen („Zur Frage der Quellen des serbischen Alexandrien". – „Aus der Geschichte des Romans und der Erzählung". 1886), „Über die trojanischen Taten" (ebd., Bd. II; dort findet sich auch eine Besprechung der Erzählungen von Tristan, Bovo und Attila), „Über die Rückkehr des Kaisers" (Die Offenbarungen des Methodius und die byzantinisch-deutsche Kaisersage) usw. in einer Reihe von Aufsätzen unter dem Titel „Aufsätze zur Entwicklungsgeschichte der christlichen Legenden" (*Zeitschrift des Ministeriums für Volksbildung* für 1875–1877). Veselovskijs Forschungen zur Nationalliteratur, d. h. zur Folklore im engeren Sinne (Vergleich ähnlicher Glaubensvorstellungen, Legenden und Rituale verschiedener Völker), sind in seinen verschiedenen Arbeiten zu alten schriftlichen Quellen und in seinen Berichten über neue Bücher und Zeitschriften zur Ethnographie, Ethnologie usw. verstreut, die meist in der *Zeitschrift des Ministeriums für Volksbildung* veröffentlicht wurden.

Veselovskij wandte sich auch immer wieder literaturtheoretischen Fragen zu und wählte mehrere Jahre lang „Die Theorie der poetischen Gattun-

---

74 Славянские сказания о Соломоне и Китоврасе и западные легенды о Морольфе и Мерлине.

75 Записки 2-го отделения Академии наук.

gen in ihrer historischen Entwicklung" als Thema seiner Vorlesungen an der Universität. Im Druck sind bisher nur wenige Artikel erschienen, die für die gestellte Aufgabe relevant sind. Zur Frage des Ursprungs der Lyrik sei auf Veselovskijs Besprechung von P. P. Čubinskijs *Materialien und Studien* verwiesen (siehe Bericht über den 22. Preis des Grafen Uvarov, 1880); ferner auf seinen Artikel „Geschichte oder Theorie des Romans?" (*Mitteilungen der 2. Abteilung der Akademie der Wissenschaften*, 1886). Verschiedenen Theorien über den Ursprung des Volksepos (vgl. „Anmerkungen und Zweifel über das vergleichende Studium des mittelalterlichen Epos", *Zeitschrift des Ministeriums für Volksbildung*, 1868) ist eine ganze Reihe von Studien gewidmet, und die allgemeinen Ansichten des Autors werden in seinen verschiedenen Artikeln über neue Bücher dargelegt: „Vergleichende Mythologie und ihre Methode", über das Werk von de Gubernatis (*Bote Europas*. 1873); „Neues Buch über Mythologie", über die Abhandlung von L. F. Voevodskij (ebd, 1882); „Neue Studien über die französische Epik" (*Zeitschrift des Ministeriums für Volksbildung*. 1885). Obwohl Veselovskij das Studium der Volksepik auf die Grundlage einer vergleichenden Betrachtung des Materials von mündlichen und schriftlichen Überlieferungen in verschiedenen Literaturen stellte, wählte er als Hauptgegenstand seiner Forschung die russische Volksepik (siehe „Südrussische Byliny" in den *Mitteilungen der 2. Abteilung der Akademie der Wissenschaften*, 1881–1885). Andererseits unternahm er eine Reihe von „Untersuchungen auf dem Gebiet der russischen geistlichen Verse" (*Mitteilungen der 2. Abteilung der Akademie der Wissenschaften*, seit 1879), die weiterhin in einzelnen Heften erschienen. Der Inhalt dieser *Untersuchungen* ist sehr vielfältig, und oft dienen die Motive der spirituellen Volksdichtung nur als Vorwand für eigenständige Ausflüge in verschiedene Bereiche der Literatur und des Volkslebens (z. B. ein Exkurs über Possenreisser und Spielmänner in Heft IV), während die Anhänge viele Texte alter Schriften in verschiedenen Sprachen enthalten. Veselovskij verfügte über eine seltene Begabung für Sprachen und beherrschte, obwohl er kein Linguist im engeren Sinne war, die meisten neueren europäischen (mittelalterlichen und modernen) Sprachen, was er für seine historischen und vergleichenden Forschungen nutzte. Im Allgemeinen zeigte Veselovskij in seinen zahlreichen und vielfältigen Werken eine bemerkenswerte Gelehrsamkeit, strenge Methoden der Kritik bei der Entwicklung von Materialien und die Sensibilität des Forschers (hauptsächlich eines Analytikers), der sich natürlich manchmal in den geäusserten Hypothesen irren konnte, aber seine Meinungen immer auf wissenschaftlich mögliche und wahrscheinliche Überlegungen stützte und sie mit mehr oder weniger soliden Fakten untermauerte.

Vgl. RBA & BASU R 94, 106–163; 534, 110; SU 84, 438–450; RS 10, 226–228.

Briefe Veselovskijs

1   o. D.
2   22. Aug. 1872
3   o. D.

4   o. D.
5   o. D. [1880?]

1
Bad Ems, Haus Stolzenfels

Geehrter Herr Professor,
Ich habe mir erlaubt Ihnen meinen Versuch über die Quellen und die Verbreitung der salomonischen Sage per Post zu übersenden. Zweierlei Ursachen hatten mich dazu bewogen. Die erste war, dass ich mich Ihnen zu Dank verpflichtet fühlte, da doch die ersten Capitel meines Werkes hauptsächlich durch Ihre schöne Übersetzung des Arschi Bordschi beeinflusst sind. Zweitens, versicherte mich der Akad. Schiefner, Sie seien gegenwärtig mit einer Übersetzung von Afanasieff's Märchen beschäftigt, demnach das Russische lesen können.

Der Gegenstand meines Werkes dürfte Sie interessiren; was die Ausführung betrifft, mögen andere urtheilen. Ich will nur zu meiner Rechtfertigung voraus sagen, dass ich kein Orientalist und im einschlägigen Theile meines Buches nothwendiger Weise von Übersetzungen abhängig bin.
Ich verbleibe, Geehrter Herr Professor
Hochachtungsvoll
Ihr unterthänigster Diener
Alexander Wesselofsky

2
d 22 August
Hochverehrter Herr Professor,
Ihren letzten Brief, so wenig wie den vorigen, ist es mir nicht gelungen von Ems aus zu beantworten, wohin dieselben abgeschickt worden sind. Die Gesundheit meiner Frau veranlasste mich Ems zu verlassen um Dr. Friedrich in Heidelberg wegen weiterer Maasregeln und des zu erwählenden Aufenthaltsortes für weitere zwei Monate zu befragen. Nun ist sein Ausspruch nicht gerade günstig und für meine Studien sogar störend ausgefallen: er ist der Meinung, der Gesundheitszustand meiner Frau sei zwar befriedigender, als zuvor, Ihre Lungen aber noch zu schwach, um den russischen Winter auszuhalten zu können; dass es demnach für sie besser wäre die kalte Jahreszeit in einem milderen Clima, resp. in Italien, zuzubringen. Principiell bin ich mit Dr. Friedrich einverstanden, kann mich aber des Gedankens nicht erwähren, dass das russische Clima den hiesigen Ärzten besser bekannt sein dürfte, als die Einrichtung unserer winterlichen Wohnungen. Habe ich doch selber zwei Winter in Norddeutschland und drei in Italien zugebracht, um aus eigener Erfahrung zu wissen, dass man in unseren Häusern sich vor Kälte besser zu schützen weiss, als in wärmeren Gegenden. Freilich müsste man dem Kranken zumuthen, dass er das Zimmer nur selten verlassen und der frischen Luft auf die Dauer von ungefähr vier Monaten entsagen würde.

Obgleich ich auf einen längeren Aufenthalt im Auslande nicht gefasst war und jetzt auch unschlüssig bin, ob ich dem ärztlichen Rath folgen werde, habe ich mich dennoch über Mont Cénis nach Genua begeben, wo am Meresufer die Hitze nicht drückend ist und die Meeresluft den kranken Lungen zugute thut; die Bäder sind meiner Frau schlechtweg verboten. Hier gedenke ich noch ungefähr 3 Wochen zu verweilen, um Briefe abzuwarten und eine Genehmigung der Petersburger Universität, meinen Urlaub auf einige Monate zu verlängern. Da mein Brief Sie wahrscheinlich nicht mehr in Innsbruck treffen wird, so gebe ich meine jetzige Adresse nur auf's geratewohl: Regno d'Italia, Genova, Pegli. Im Falle Sie mir später nach Russland schreiben wollten, brauchen Sie nur nach Petersburg, Universität, auf meinen Namen zu adressiren, und ich werde mit dem grössten Vergnügen Ihnen mit Allem dienlich sein, womit ich nur kann. Sie erlauben mir Ihrerseits mich in ähnlichen Fällen an Sie zu wenden.

Behufs der Afanasief'schen Märchen kann ich Ihnen sagen, dass auch ich vor Jahren mit einer Übersetzung derselben in deutscher Sprache – so wenig sie mir geläufig ist – beschäftigt war. Richtiger gesagt ist es eher eine Auswahl oder Auszug, als Übersetzung zu nennen. Die ältere Afanasief'sche Ausgabe enthält nämlich so viele Varianten, so viele auseinander, in verschiedene Bände gerathene Doublette, dass in Sachen der vergleichenden Sagenforschung es angemessen schien, die ganze Masse der Märchen unter verschiedene Rubriken zu bringen (etwa wie die von Hahn aufgestellten) und, indem ich von jedweder Classe ein oder zwei übersetzte, die übrigen derselben Kategorien angehörigen in die Anmerkungen zu verweisen, die ich mit Benutzung einiger seitdem erschienenen Sammlungen (Z. B. der Kleinrussischen Märchen) zu bereichern hoffte.

So war der Plan meiner Arbeit, welche, nur zum Theil ausgeführt, seit dem vorigen Jahre ins Stocken gerieth, sobald ich durch Herrn Schiefner von Ihrem Vorhaben hörte, das Ihnen gewiss besser gelingen wird, als mir. Ich bin Ihnen im voraus dankbar für die von Ihnen angekündigte Besprechung meines Buches, bitte auch Sie gegen mich so scharf-kritisch wie möglich, zu verfahren und neues Sagenmaterial, dass Ihnen so reichlich zur Verfügung steht, zur Beleuchtung der Frage herbeizuschaffen. Ich interessire mich weniger an meinem Buche als an der amica veritas.
Ich verbleibe, verehrungsvoll,
Ihr ergebenster
Alexander Weselofsky

Genova, Pegli
22 Aug. 1872

Herrn Professor
Dr. Bernhard Jülg
Wohlgeboren
Graz
Klosterwiesgasse 26, II Stock

3

Hochgeehrter Freund,

Über Verona und Mailand, wo ich mich ein Paar Tage aufgehalten, um mich in der Ambrosiana und der Trivulziana umzusehen, gelangten wir mit einem Rundreise-Billet über Ancona-Foggia nach Neapel. Ich gedachte früher meine alten Freunde in Pisa, Florenz und Rom aufzusuchen; es wurde mir aber versichert, dass ich zur Stunde keinen von Ihnen in der Stadt treffen würde, eher noch im August. So gieng denn die Reise direct nach Neapel, in dessen Umgebung wir zu baden gedenken, womöglich in Sorrento oder irgendwo anders. Wären nicht da die alten Freundschaftsbande, die meine Frau hierher gezogen hatten, so würde es mir niemals in den Sinn gekommen sein, Neapel im Juli zu besuchen: Die Hitze ist nicht drückend, aber die Luft von Gerüchen verpestet, die gerade keine Arome sind; von meinen früheren Bekannten und Fachgenossen sind nur wenige hiergeblieben – und man sehnt sich so recht nach Tirol zurück, in Ihre liebenswürdige Gesellschaft, deren Andenken ich treulich und dankbar bewahren werde. Nach anderthalb Jahren sehen wir uns wohl wieder. Unterdessen seien sie selbst herzlich gegrüsst und grüssen Sie von uns Ihre Frau Gemahlinn, Ihre Frau Tochter, Ihre Söhne und Herrn Prof. Öllacher. Ob ich seinen Familiennamen auch richtig schreibe? Darüber belehren Sie mich, wenn Sie mir antworten und als Beilage zum Briefe mir Ihre Photographie senden. Die meinige lasse ich nächstens machen.

Ihr Ihnen von Herzen ergebener

A. Wesselofsky

4

Hochgeehrter Freund,

Nach langer Unterbrechung, die hauptsächlich durch meine Abwesenheit im Sommer und, Ende vorigen Jahres, durch eine Reihe von Unpässlichkeiten und häuslichen Sorgen herbeigeführt ward, nehme ich – wenn Sie es erlauben – meine Correspondenz wieder auf. Gestern habe ich Ihnen drei Abhandlungen unseres jungen Forschers Posdnejev[76] zugeschickt, die Sie vielfach interessiren werden. Wollten Sie ihm durch meine Vermittlung ein Paar Zeilen schreiben, so wäre hiemit ein weiteres Band mit den hiesigen Mongolisten geknüpft. Auch würde ich Sie bitten mich noch einmal über Ihre litterarischen Desiderata zu benachrichtigen, hauptsächlich über diejenigen, die Sie mir schon früher angezeigt haben, ohne dass ich bis jetzt dazu gekommen sei, Ihre Aufträge zu erfüllen.

Meinem Söhnchen geht es wohl und hoffe ich, dass es auch wirklich nicht schlimmer gehen wird. Meine Frau ist während der ganzen Weihnachtsferien zu Hause sitzen geblieben wegen einer Erkältung, die sie sich zugezogen hatte; jetzt fühlt sie sich bedeutend besser. Wir grüssen herzlich alle Ihre Angehörigen und erwarten Nachrichten von Ihnen Allen.

In freundlicher Gesinnung Ihr Alexander Wesselofsky

---

76 Vgl. H. Walravens: A. M. Pozdneev [1851–1920]: eine Bibliographie des Mongolisten. *Mongolian Studies* 17.1994, 21–76.

5 [1880?]

Liebster Freund,

Ich bin mir wohl bewusst, wie sehr ich mich gegen Sie verschuldet habe, dass ich so lange mit meinem Brief an Sie gesäumt! Ich war aber diesen Winter von meinen Vorlesungen und anderweitigen Beschäftigungen so sehr eingenommen, dass ich den Briefkasten beinahe vergessen habe und meine Freunde sich mit Recht wundern, (ob zürnen?), wenn ich Sie mit ein Paar Zeilen manchmal belästige. Seitdem wir uns gesehen und geschrieben, ist vieles geschehen, und das Geschehene ist gerade nicht herzerfreuend: der Tod Schiefner's [77], den die Akademie und besonders die akademische Bibliothek, deren Vorsteher er gewesen, noch nicht verschmerzen kann; die Vorgänge in Petersburg, worüber Sie gewiss in den Zeitungen gelesen u.a.m. Man sehnt sich so recht nach den Fernen und zu den Petersburger Thoren heraus, leider veranlassen mich gewisse Familienverhältnisse, diesen Sommer in Petersburg zu bleiben, wo der Sommer unleidlich ist. Wie gerne würde ich meinen Aufenthaltsort gegen Innsbruck vertauschen!

Ich schicke Ihnen, zur Erinnerung an schöne Tage, das grosse Zacharov'sche Wörterbuch [78], das Ihnen wohl nützlicher sein wird, als mir. Eine Frage hätte ich seit lange an Sie thun müssen: wir haben verabredet, dass sie an Wagner's Buchhandlung für die Versendung meiner Bücher von Innsbruck nach Leipzig zahlen würden. Wenn Sie es gethan haben, so schreiben Sie mir gefälligst, was ich Ihnen schuldig bin. Oder hat vielleicht Wagner mit unserem Leipziger Correspondenten (Voss) die Sache abgemacht, so dass ich nun mit letzterem zu thun haben werde? Eine Aufklärung über diese kleine Angelegenheit wäre mir wünschenswerth; wünschenswerth, obgleich wohl kaum thunlich, wäre noch folgendes: Wagner's Buchhandlung hat mir auf meinen Wunsch Gervinus' Geschichte der deutschen Dichtung, 5e Aufl., zugeschickt, als ich noch in [---]dach weilte. Das Werk habe ich nun hier, in Petersburg, zur Hand genommen, und da stellte es sich heraus, dass im 1en Bande die S. 577–592 fehlen, dagegen S. 385–400 doppelt vorhanden sind. Das Doublet würde ich gern zurückerstatten, wenn ich nur das Fehlende bekommen könnte; vielleicht entschliesst sich die Verlagsbuchhandlung dazu, aber ohne Wagner's Dazwischentreten wird es kaum zu erlangen sein.

Ich grüsse Sie herzlich, Sie, Ihre Frau Gemahlin und Ihre lieben Kinder; desgleichen thut meine Frau, die augenblicklich etwas unwohl ist.

Ich verbleibe, in freundlicher Gesinnung

Ihr Alexander Wesselofski

---

77   4./16. Nov. 1879

78   I. I. Zacharov: *Polnyj mańčžursko-russkij slovař*. St. Petersburg: Akademija Nauk 1875.

Drei Briefe von Friedrich Wilhelm Radloff (Vater)(1794–1873)

Friedrich Wilhelm Radloff (Nikolaiken in Masuren (Mikolajki)? 3.11.1794–17.12.1873 Berlin), Gardehauptmann, Regierungskondukteur (Bauaufseher); er wurde 1830 als Polizeikommissar in Berlin angestellt. Vgl. Heirats- und Sterbeurkunden bei ancestry.com; *Amtsblatt der königlichen Regierung in Potsdam und der Stadt Berlin.* Jg. 1830, 65.

Da Vater Radloff in der Korrespondenz die Rolle eines logistischen Vermittlers zu seinem im fernen Barnaul tätigen Sohnes spielt, sei er ebenfalls kurz vorgestellt.

Der Turkologe und Ethnograph Friedrich Wilhelm Radloff (Vasilij Vasil'evič Radlov)(Berlin 17. Jan. 1837–12. Mai 1918 St. Petersburg) studierte in Halle und Berlin Sprachwissenschaft und ging, nachdem er in Jena promoviert worden war, 1858 nach St. Petersburg, ursprünglich mit der Absicht, die tungusischen Sprachen zu studieren Da eine geplante russische Expedition nicht realisiert wurde, musste Radloff auch seine eigenen Pläne ändern. Ein Jahr später erhielt er eine Lehrerstelle in Barnaul (Westsibirien), von wo aus er mehrere erfolgreiche Forschungsreisen unternahm und folkloristisches Material sammelte. 1870 kehrte er nach Petersburg zurück, und 1871 wurde er zum Schulinspektor für mohammedanische Schulen im Lehrbezirk Kazan ernannt. 1884 wurde er Direktor des Asiatischen Museums in St. Petersburg und gleichzeitig Akademiemitglied. Er sammelte als erster reichhaltiges Material über die Turk-Sprachen und gab eine 10-bändige Sammlung von Volksliteratur[79] heraus, deren erste 4 Bände Schiefner für den Druck bearbeitete. Von grossem Wert ist auch sein *Versuch eines Wörterbuchs der Türk-Dialecte.* 1–4. St. Petersburg: Akademie der Wissenschaften 1888–1911.

Vgl. Jens Peter Laut: Radloff, Friedrich Wilhelm. *NDB* 21.2003, 96–97; Ahmet Temir: Leben und Schaffen von Friedrich Wilhelm Radloff, 1837–1918. Ein Beitrag zur Geschichte der Türkologie. *Oriens* 8. 1955, 51–93.

Briefe Radloffs
1   25. Nov. 1867
2   16. Dez. 1867
3   29. Mai 1869

1

Berlin den 25ten November 1867

Hochgeehrter Herr Professor!
Im Auftrage meines Sohnes, des Dr. W. Radloff, Lehrer bei der kaiserlich russischen Bergschule zu Barnaul am Obi, gleichzeitig linguistischer Reisender in Mittelasien, habe ich die Ehre Ihnen den ersten Theil der von ihm gesammelten „Proben der Volkslitteratur der Türkischen Stämme Süd-Sibiriens" ergebenst zu übersenden, mit der Bitte, daß Sie, als ein im gleichen Fache arbeitender Sachverständiger die kleine Aufmerksamkeit meines Sohnes freundlich aufnehmen mögen.

---

79   *Proben der Volkslitteratur der türkischen Stämme Süd-Sibiriens.* St. Petersburg: Akademie der Wissenschaften 1866–1907.

Der zweite Band, der wahrscheinlich am Schluße des Jahres erscheinen wird,
so wie die später zu erwartende Grammatik und Wörterbuch werden, sobald
ich im Besitz derselben sein werde, folgen.
Mit größter Hochachtung bin ich
Ihr ergebenster Radloff
Hauptmann a.D.
Alexandrinen Straße 125, 1 Treppe links

2

Hochgeehrter Herr Professor!
Hierdurch erlaube ich mich Ihnen ergebenst anzuzeigen, daß die Erzählung
des Ardschi-Bordschi, welche Sie die Güte hatten mir von Innsbruck aus
per Kreuzband zu übersenden, ebenso die 13 Erzählungen des Siddhi-Kür
von Herrn Buchhändler Brockhaus zu Leipzig. richtig erhalten, und daß ich
diese beiden Werke heute an meinen Sohn in Barnaul abgesandt habe.

Im Namen meines Sohnes, der wohl noch selbst die Gelegenheit wahr-
nehmen wird, seinen Dank abzustatten, sage ich Ihnen den herzlichsten
Dank für Ihre Freundlichkeit.

Mit dem herzlichsten Wunsche, daß Sie das noch bevorstehende Weih-
nachtsfest im Kreise der Ihrigen froh erleben und das neue Jahr gesund und
munter antreten mögen bin ich mit ausgezeichneter Hochachtung
Ihr ergebenster Radloff
Hauptmann a. D.
Alexandrinen Straße 125

Berlin den 16. December 1867

3

Berlin den 29ten Mai 1869
Hochgeehrter Herr Professor!
Die Beilage der Allgemeinen Zeitung vom 28. April[80], die Sie die Güte
hatten mir per Kreuzband zu übersenden, habe ich am 3t. Mai erhalten und
sagen Ihnen für die günstige Beurtheilung der Arbeiten meines Sohnes, des
von mir so entfernt lebenden, den innigsten und herzlichsten Dank. Das
Lesen des Aufsatzes hat mir eine große Freude bereitet. Ich habe die Zei-
tungs-Beilage am 10. d. M. von hier nach Barnaul geschickt und gewiß wird
mein Sohn späterhin, da er sich gegenwärtig wieder auf einer Reise nach
dem Ili-Thal befindet – seinen Dank selbst abstatten.

Im vergangenen Sommer hat er die Bohara bereist, hat sich in Taschkend
und Samarkand längere Zeit aufgehalten und wie er mir schreibt recht
günstige Resultate erzielt. Eine Abhandlung über diese Reise hat er in
russischer Sprache geschrieben und an die geographische Gesellschaft in
Petersburg bereits abgeschickt; die Abhandlung in deutscher Sprache hat er
mir baldigst zuzusenden, das Verspechen gegeben.

---

80   Beilage zur AZ Nr. 118: 28. April 1869, S. 1809–1810: Proben der Volkslitteratur der
      türkischen Stämme Süd-Sibiriens. 1–2. 1866–1868. Chiffre: .–.

Die kaiserlich russische Universität Dorpat hat, wie in einem Abdruck das mir von meinem Sohn zugesandten Diplom ausdrücklich bemerkt, in Anerkennung seiner Verdienste um die Wissenschaft, honoris causa zum Doctor der Philologie dortiger Universität ernannt, und haben also seine Bemühungen auch in russischen Kreisen Anerkennung gefunden.

Wie mir Herr Staatsrath Schiefner schreibt, ist der III. Band seines Werkes „Proben etc." bereits gedruckt und erwarte ich die Zusendung desselben an jedem Tage.

Das hier Gesagte wäre Alles worüber ich Ihnen, Hochgeehrter Herr, von meinem Sohne Nachricht geben kann, und da ich überzeugt bin, daß Sie dich für denselben interessiren, so habe ich nicht verfehlen wollen, davon Mittheilung zu machen.

Meinen Sohn Ihrem ferneren freundlichen Wohlwollen empfehlend, habe ich die Ehre, mit der größten Hochachtung zu sein

Ihr ergebenster

Radloff

Hauptmann a.D.

Alexandrinen Straße 125

1 Tr. links

Zwölf Briefe von Reinhold Rost (1822–1896)

R. Rost.

Reinhold Rost[81] war Sekretär der Royal Asiatic Society und dann Bibliothekar der India Office Library in London, einer der damals grössten orientalischen Sammlungen der Welt.

Er wurde am 2. Februar 1822 in Eisenberg geboren und studierte Theologie und orientalische Sprachen in Jena, wo er 1847 mit einer Singhalesischen Grammatik promovierte. Im selben Jahr ging er nach England, wo er in Canterbury eine Anstellung als Deutschlehrer fand, bevor er dort am St. Augustine's Missionary College angehende Missionare in orientalischen Sprachen unterrichtete. Nebenbei katalogisierte er in London am Britischen Museum die singhalesischen und burmesischen Handschriften. 1863 wurde er Sekretär der Royal Asiatic Society und 1869 Oberbibliothekar der India Office Library. Er starb am 7. Februar 1896 in Canterbury. Trotz seiner aussergewöhnlichen Kenntnisse europäischer, asiatischer und sogar afrikanischer Sprachen – Rost konnte unter anderem Sanskrit, Persisch, Arabisch, Hindustani, Pāli, Birmanisch, Singhalesisch, Tibetisch, Chinesisch, Malaiisch, Russisch, Portugiesisch und Suaheli, um nur einige zu nennen – hat er keine grossen eigenständigen Werke veröffentlicht. Neben einigen kleineren Arbeiten über das Pāli hat er Aufsatzsammlungen der grossen britischen Indologen Wilson und Hodgson herausgegeben. Aus persönlichen Gründen hat Rost alle Angebote aus dem Ausland abgelehnt. In England hätte er durchaus gerne eine Professur angenommen, die er allerdings nie erhielt.

Als Bibliothekar hat er grössere Bedeutung gehabt, indem er die Bibliothek des India Office ordnete und die Handschriften katalogisierte.[82] Er fertigte auch einen Katalog der Palmblatthandschriften der Kaiserlichen Bibliothek in St. Petersburg an, die ihm 1851 nach England geschickt worden waren. Ab 1865 arbeitete er eng mit der Verlagsbuchhandlung Trübner in London zusammen und war massgeblich an deren *Literary Record* beteiligt. Für Trübner übernahm er auch die Herausgabe der Serie „Collection of simplified grammars of the principal European and Asiatic languages". Daneben hat er Rezensionen und Nekrologe in Zeitschriften wie *The Athenaeum*, sowie Beiträge zur *Encyclopaedia Britannica* verfasst.[83]

Rost war ausserdem Kontakt und zentraler Anlaufpunkt für zahlreiche Gelehrte, die zum Handschriftenstudium nach London kamen. Er führte ausserdem eine umfangreiche Korrespondenz[84] und wie Cecil Bendall in seinem Nachruf schrieb, ist

---

81   Siehe zahlreiche Artikel aus biographischen Lexika im *DBA*: I 1057, 311; 430; III 764, 363; *BBA*: I 949, 428–431; II 1743, 47; III 390, 397; *IBA*: 397, 7–11.
      Cecil Bendall: [Nekrolog]: Dr. Reinhold Rost C. I. E. *The Athenaeum* No 3564, 15.2.1896, 218.
      Carl Bezold: [Nekrolog]. *Luzac's Oriental List and Book Review* VII, 2. Februar 1896.
      Bruno Baentsch: Rost, Ernst Reinhold. *ADB* 53.190, 525–529.
      Oscar Weise: *Der Orientalist Dr. Reinhold Rost, Sein Leben und Streben*. Leipzig: Teubner 1897. 71 S. (Mitteilungen des Geschichts- und Altertumsforschenden Vereins zu Eisenberg im Herzogtum Sachsen-Altenburg 12.)
      Ernst Windisch: *Geschichte der Sanskrit-Philologie und Indischen Altertumskunde*. Berlin, New York: de Gruyter 1992, 361–362.
      A. N. Wollaston: Rost, Reinhold, revidiert durch J. B. Katz. *Oxford Dictionary of National Biography* 47.2004, 883.

82   Der zweibändige *Catalogue of the library of the India Office* erschien 1897, erst nach seinem Tod.

83   Eine Zusammenstellung all seiner Aufsätze und Artikel fehlt bisher.

84   Als Oscar Weise 1897 seine Biographie Rosts verfasste, war dieser Briefnachlass noch vorhanden und er zitiert u.a. aus Briefen Schiefners, die heute verschollen sind. Neben ein paar vereinzelten Briefen in verschiedenen Bibliotheken und Archiven ist lediglich Rosts Korrespondenz mit Albrecht Weber in gewissem Umfang erhalten. (Über 250 Briefe von Rost an Weber in der Staatsbibliothek Berlin. Signatur: Slg. Darmstaedter 2b 1860: Rost, Reinhold. Fol. 1–317.)

in den Jahrzehnten vor Rosts Tod keine Edition eines indischen Werkes erschienen, bei der er nicht behilflich war. Mehrere, darunter der Pāli-Forscher Robert Childers, dankten es ihm mit einer Widmung ihrer Werke. Wie sehr Kollegen aus aller Welt ihn schätzten, zeigt sich auch an der Stiftung, die 1891 von 176 Gelehrten aus zwölf Ländern gegründet wurde, um ihm und seiner Familie in Zeiten der Not finanziell beizustehen und dadurch ihre Dankbarkeit, ihre Zuneigung und ihren Respekt auszudrücken.[85]

Rosts Haus stand in- und ausländischen Besuchern und Gästen allzeit offen und auch Schiefner hat während seines Aufenthaltes in London im Jahr 1878 mit seiner Familie bei ihm gewohnt. Schiefner hat 1863, 1867 und 1878 England besucht, und 1863 soll er Rost sogar eine Stelle an der Petersburger Bibliothek angeboten haben. Denn seit dieser die orientalischen Handschriften in St. Petersburg bearbeitet hat, wird es Briefkontakt gegeben haben, und Schiefner hätte ihn demnach gerne als Kollegen gehabt. Persönlich kennengelernt hatten sie sich aber schon einige Jahre zuvor in Deutschland, wie wir einem Brief Schiefners an Rost aus dem Jahr 1860 entnehmen können.[86] Als Schiefner 1879 starb, widmete Rost ihm einen warmen Nachruf und betrauerte den Gelehrten, mit dem ihn „ties of intimate friendship" verbanden.[87] Reinhold Rost überlebte seinen Freund um sechzehn Jahre und starb am 7. Februar 1896 in Canterbury.

Briefe Rosts

1	1. März o.J.
2	24. Jan. 1847
3	6. Juni 1847
4	8. Juli 1847
5	9. Juli 1861
6	25. Dez. 1865
7	24. Dez. 1868
8	20. Jan. 1877
9	6. Febr. 1877
10	12. Aug. 1877
11	3. Jan. 1883
12	12. Nov. 1883

1

Eisenberg den 1. März gegen Abend
Mein guter lieber Jülg!

Soeben bin ich von einem Spaziergang in unserer schönen Waldgegend zurückgekehrt und beeile mich, mit etwas erstarrten Fingern noch vor Postschluß Ihnen einige Zeilen zu schreiben als Beilage zu Harkness[88], den ich

---

85		Siehe den Aufruf in *The Athenaeum* Nr. 3326, 25.7.1891: 128.

86		Anton Schiefner an Reinhold Rost vom 2./14.6.1860. Staatsbibliothek Berlin, Handschriftensammlung, Slg. Darmstaedter 2b: 1850: Schiefner. Er findet sich im Konvolut von Schiefners Briefen an Weber und ist daher bereits im ersten Band der Schiefner-Briefe abgedruckt. Siehe *Anton Schiefner (1817–1879) und seine indologischen Freunde. Seine Briefe an die Indologen Albrecht Weber (1825–1901), Rudolf Roth (1821–1895) und William Dwight Whitney (1827–1894) sowie den Indogermanisten Adalbert Kuhn (1821–1881). Mit Anmerkungen, kleineren Arbeiten Schiefners und Register* bearbeitet und herausgegeben von H. Walravens und Agnes Stache-Weiske. Wien: Österreichische Akademie der Wissenschaften 2015. (455 S.), 24.

87		Reinhold Rost [Nekrolog]: Prof. Schiefner. *The Athenaeum* Nr. 2726, 24.1.1880; 123.

88		Vielleicht: Henry Harkness: *Ancient and modern alphabets of the popular Hindu languages of the southern peninsula of India.* London: Royal Asiatic Society 1837. 38 Bl.

mit vielem Dank Ihnen hiermit zurückschicke. Schon mit Ihrem ersten
Briefe haben Sie mir eine überaus große Freude gemacht und mich durch
die zweite gütige Sendung zu einem Danke verpflichtet, den ich wohl
schwerlich so bald werde abzutragen im Stande sein. Vor der Hand drücke
ich Ihnen im Geiste für das freundliche Geschenk, das für mich um so mehr
Werth hat, als es eben von Ihnen selbst kommt, dankbar die Rechte. Ich will
hoffen, daß die Differenzen mit dem Verleger sich ausgeglichen haben;
sonst sollte es mir sehr leid sein, wenn Sie sich's auch noch haben ein Opfer
kosten lassen. Der Prof. Schellenberg[89] (der HE Kellgren[90] freundl. grüßen
läßt), sprach, als ich ihm das Buch zur Ansicht vorlegte, seine große
Zufriedenheit mit Anlage und Ausführung aus. Ich denke, es wird bei der
Verbreitung der linguistischen Studien auch außer Deutschland großen
Anklang finden. Als einen kleinen Nachtrag mögen Sie einstweilen die 2.
Aufl. von Stevenson's principles of Muhrathee grammar[91], welche Bombay
1843. 8. erschienen und in des Verfassers Abwesenheit von seinem Freund
Robert Nesbit besorgt ist, notiren. Ich erhielt sie kürzlich aus Leipzig von
Weigel für 6 Thaler. Derselbe wird mir auch bis Ende dieses Monats
Spring's outlines of Malayalim grammar[92], welches Buch von allen in der
Vorrede von Ihnen bezeichneten allein in London vorräthig ist, verschaffen,
wofür ich ihm 7 rT habe voraus bezahlen müssen. Weiter werde ich mir bis
zu meinem Weggange nichts anschaffen können, da meine Umstände es
nicht mehr erlauben. Über ein ferneres Unterkommen weiß ich noch nichts;
möglich daß ich doch noch (wenigstens dem Namen nach) Missionär werde;
ich will zu diesem Ende in etwa 3 Wochen nach Halle reisen zum Director
Niemeyer[93], an den ich bestens empfohlen ward. Dieser ist bekanntlich
unumschränkter Vorsteher des Halle'schen Missionsvereins und dabei
allem Pietismus fremd. Es wäre schön, wenn ich Sie in Halle treffen und
über Altenburg, wo wir uns ein paar Tage aufhalten könnten, mit zu mir
nehmen könnte. Ich wäre dann im Stande, Sie auch noch bis Coburg zu

---

89   Vermutlich Dr. Schellenberg, Prof. In Eisenberg, der Mitglied des Vereins deutscher Philo-
      logen, Schulmänner und Orientalisten sowie der Deutschen Morgenländischen Gesellschaft
      war.

90   Hermann Kellgren (Kuopio 21.1.1822–25.9.1856 Helsingfors), finnischer Linguist, studierte
      in Helsingfors erst Jura, dann Philologie und war nach seinem Magister 1844 Assistent an
      der Universitätsbibliothek. Von 1846–1848 bereiste er Europa und hörte u.a. bei Bopp in
      Berlin und bei Burnouf in Paris Sanskrit. Nach seiner Rückkehr wurde er 1849 der erste
      Dozent für Sanskrit in Finnland. 1850 war er ausserordentlicher Professor, 1854 wurde er
      zum ordentlichen Professor ernannt. Er veröffentlichte mehrere Werke über das Finnische
      und die Uralaltaischen Sprachen. Vgl. Klaus Karttunen: From the early days of Finnish
      Indology. In: *Bopp Symposium 1992 der Humboldt Universität zu Berlin.* Hrsg. Von Reinhard
      Sternemann. Heidelberg 1994, 105–132.

91   John Stevenson: *Principles of Murathee grammar.* Revised by Robert Nesbit. Bombay:
      Collett 1843. VIII, 163, 13 S.

92   *Outlines of a grammar of the Malayalim language as spoken in the provinces of North and
      South Malabar and the kingdoms of Travancore and Cochin,* by F[rederic] Spring, A.M. of
      the honorable company's service on the Madras establishment. Madras: R. W. Thorpe 1839.
      VI. 94 S.

93   Hermann Agathon Niemeyer (Halle 5. Jan. 1802–6. Dez. 1851), Theologe, habilitierte sich
      1825 in Halle, wurde 1826 Professor in Jena und 1829 in Halle, wo er als Direktor der
      Franckeschen Stiftungen wirkte. Vgl. Otto Nasemann: Niemeyer, Hermann Agathon. *ADB*
      23.1886, S. 682–687.

begleiten; es ist ja nichts erfrischender als an Freundes Hand eine Fußtour über den Thüringer Wald!

Herzlichen Glückwunsch zum Doctor! Es ist eben galt ein nothwendiges Übel, dem ich mich in diesen Tagen auch unterzogen habe. Ich wollte, ich hätte mein Geld besser anwenden können. Freuen aber sollte es mich, wenn unsere Promotion an einem Tage vor sich gegangen wäre!

Nun leben sie wohl, mein theurer Freund, grüßen Sie alle Bekannten herzlich, auch Petermanns[94], Gosche[95], Kellgren, Dieterici[96] und bleiben Sie versichert der innigsten Liebe und Hochachtung, mit der ich bin
Ihr treu ergebener Rost

Bei Harkneß habe ich die Aufzeichnung der vielfachen Consonantenver- schlingungen vermißt, die besonders im Malayalim das Lesen so erschwe- ren, und muß nun warten auf Spring. Übrigens ist das Werk zum Lesen von Handschriften sehr von Nutzen. Ich kann mir nicht denken, daß Kellgren, dieser natürliche, offene Charakter, sich auch nur einigermaßen in dem raffinirten Berlin wohl befinden kann. Sie werden in ihm in jeder Hinsicht eine treffliche Acquisition gemacht haben. Also Brockhaus hat seine Bücher nicht nach Berlin geschickt? Wie viel Schulden hätte ich mir ersparen können, wenn er mir einige davon zu leihen die hohe Gnade gehabt hätte!

Sr. Wohlgeb.
des Herrn Dr. Bernhard Jülg
in Berlin
Dorotheenstraße 85
frei
Nebst einem Packet, enthaltend ein Buch, an Werth
vier Thaler, sign. H. Dr. B. Jülg in Berlin.

---

94   August Petermann (Bleicherode 18.4.1822–25.9.1878 Gotha), Kartograph. Er gründete die bedeutende Fachzeitschrift *Petermanns Geographische Mittheilungen* (1855). Vgl. Ursula von den Driesch: Petermann, August. *NDB* 20.2001, S. 237.

95   Richard Gosche (Neundorf bei Crossen an der Oder 4.6.1824–29.10.1889 Halle), Orientalist und Literaturhistoriker, studierte Theologie und orientalische Sprachen in Leipzig, dann in Berlin, wo er 1847 mit einer Dissertation über das Armenische promovierte. Im selben Jahr erhielt er eine Stelle als Kustos an der Königlichen Bibliothek Berlin, wo er ein Verzeichnis arabischer Handschriften anlegte. 1853 habilitierte er sich an der Universität Berlin, 1860 wurde er zum ausserordentlichen Professor ernannt. 1862 folgte er einem Ruf nach Halle als Professor für Orientalische Sprachen mit Ausnahme des Sanskrit. Hier gehörte er auch dem Vorstand der Deutschen Morgenländischen Gesellschaft an, für deren Zeitschrift er mehrere Jahresberichte über die aktuelle Fachliteratur verfasste. In den 1870er Jahren bearbeitete er die Neuauflage der Schlegel-Tieckschen Shakespeare-Ausgabe und gab eine Edition der Werke Lessings heraus. Er nahm sich 1889 das Leben. (Albert Fränkel: Rückblicke auf Richard Gosches Leben. *Richard Gosche – Erinnerungsblätter für seine Freunde. Biographie und ausgewählte Aufsätze.* Halle: Otto Hendel 1890, S. V–XXXV.).

96   Friedrich Heinrich Dieterici (Berlin 6. Juli 1821–18. Aug. 1903 Berlin), Orientalist (Arabist), wurde 1850 Extraordinarius an der Universität Berlin. Vgl. Otto Spies: Dieterici, Friedrich. *NDB* 3.1957, S. 672–673.

2
Eisenberg den 24. Januar 1847

Lieber Jülg!
Sie werden mich für einen recht undankbaren Menschen halten müssen, daß
ich Ihnen für alle die Freundlichkeit und Liebe, mit der Sie sich meiner in
Berlin angenommen, auch nicht ein Wörtchen des herzlichsten Dankes, zu
welchem ich mich Ihnen immer verpflichtet halten werde, bis jetzt habe
zukommen lassen. Hole ich das Versäumte auch erst so spät nach, so können
Sie mir doch glauben, daß ich Ihrer täglich als eines lieben Freundes gedacht
habe, dessen Wohl mir immer sehr am Herzen liegen wird. Da ich auch von
Ihnen überzeugt bin, daß Sie an meinen Schicksalen Antheil nehmen, so
möchte ich Ihnen gern davon etwas berichten, wenn es eben etwas Erfreu-
liches wäre. Leider aber sitze ich noch immer so im Ungewissen wie vorher,
glaube auch, daß ich dieses drückende Gefühl so bald nicht werde los werden. Jedenfalls ist dieser Brief, wenn auch der erste, doch hoffentlich nicht
der letzte, den Sie von mir erhalten, und sollte sich meine Lage noch
verändern, so werden Sie davon die erste Nachricht erhalten, wie ich auch
Sie herzlich bitte, mir von Allem Kunde zu geben, was, sei es erfreulich
oder nicht, auf die Gestaltung Ihres Lebensweges von Einfluß ist.

Meine Rückreise nach Halle würde eine sehr langweilige gewesen sein,
hätten mir nicht die Erinnerungen an Berlin und an das Gute, was ich dort
erfahren, die Stunden vielfach und angenehm verkürzt.

Bei Tholuck[97] traf ich den jungen Böttcher (oder Böttger? oder wie
sonst?) aus Berlin, in dem ich einen zwar sehr liebenswürdigen und ge-
scheiten, aber dabei fast hyperorthodoxen Mann kennen gelernt habe. Ich
hätte ihn gern besucht, wenn ich seine Wohnung hätte auffinden können.
Auch in Leipzig habe ich wegen Mangel an Zeit weder Kellgren noch Ihren
Freund besuchen können; dies soll jedoch geschehen, wenn ich vor Ostern
wieder hinein komme. Fleischer[98] und Brockhaus habe ich Mancherlei aus
Berlin erzählt. Letzterer versuchte abermals auf alle Weise mir den
Geschmack an meinem Steckenpferd zu verleiden und ließ an den dekhani-
schen Sprachen, so zu sagen, keinen guten Lappen; dagegen ermahnte er

---

97   August Tholuck (Breslau 30. März 1799–10. Juni 1877 Halle), protestantischer Theologe und
      Orientalist, der 1825 zum Ordinarius in Halle ernannt wurde. Vgl. Gustav Frank: Tholuck,
      August. *ADB* 38. 1894, S. 55–59.

98   Heinrich Leberecht Fleischer (Schandau 21.2.1801–10.2.1888 Leipzig), Orientalist und
      Arabist, studierte Theologie und orientalische Philologie in Leipzig und vertiefte die
      Orientalistik bei Silvestre de Sacy in Paris. Nach einigen Jahren als Lehrer an einer Schule in
      Dresden erhielt er 1835 den Ruf als Professor der Persischen Sprache an die Universität St.
      Petersburg, den er allerdings nicht annahm, da er im folgenden Jahr auf den Lehrstuhl für
      Morgenländische Sprachen in Leipzig berufen wurde, den er bis zu seinem Tod innehatte.
      Der Lehrstuhl gehörte erst zur theologischen Fakultät und wurde 1840 der philosophischen
      Fakultät zugeordnet. Fleischer lehrte vor allem Arabisch und machte Leipzig zu einem
      Zentrum für Islam-Studien. Auf seine Anregung wurde 1845 die Deutsche Morgenländische
      Gesellschaft gegründet. Sein berühmtestes und umfangreichstes Werk ist seine Edition von
      Beidhawis Kommentar zum Koran. Vgl. Johann W. Fück: Fleischer, Heinrich Leberecht.
      NDB 5.1961, 231–232; Hans-Georg Ebert, Thoralf Hanstein (Hg.): *Heinrich Leberecht
      Fleischer – Leben und Wirkung. Ein Leipziger Orientalist des 19. Jahrhunderts mit
      internationaler Ausstrahlung.* Frankfurt, M.: PL Acad. Research 2013. 341 S.

mich, fleißiger Sanskrit zu treiben, aus welchem Studium der Wissenschaft doch noch ein Nutzen erwachse. Ist nun Brockhaus auf der einen Seite auch viel zu weit gegangen, – denn wenige Tage zuvor hatte mich Pott gerade in dem bestärkt, wovon mir nachher jener abrieth, – so kann ich doch auch nicht verkennen, daß er auf der anderen Seite Recht gehabt hat. Wenigstens hat er mich dazu bestimmt, das Sanskrit nicht so als Nebenstudium zu betrachten, wie ich es eben zu thun angefangen hatte. Als ich ihn aber in aller Bescheidenheit ersuchte, mir für diesen Winter einige Bücher zu leihen, die ich anderwärts nicht bekommen könne, schlug er mir diese Bitte rundweg ab. Er sagte, er möge das Zeug gar nicht mehr vor seinen Augen haben, und er habe sich deshalb vorgenommen, alle dahin einschlagende Bücher nach Berlin zu schicken. Ich muß gesehen, daß mich dieser Gewaltstreich sehr unangenehm berührt hat. Ließ er mich eine kleine Auswahl darunter treffen, – und ich hätte ihm ja gern dies und jenes abgekauft, – so wurde davon wenigstens noch ein, meinen schwachen Kräften angemessener Gebrauch gemacht. Wer sollte sich aber in Berlin mit diesen Dingen sonderlich beschäftigen?

Ich kann nur annehmen, daß er die ganze Sammlung an Asher[99] oder an die königliche Bibliothek verkauft hat; in ersterem wie in letzterem Falle könnte es wohl gelingen, noch Einiges zu erhalten. Namentlich wünschte ich um jeden Preis die in der Vorrede Ihres Buches nachträglich angeführten Werke über das Malayâlim. Weigel[100], an den ich mich zunächst wandte, schrieb mir, er habe sicherst nach dem Preise derselben in London erkundigt und wolle mir seiner Zeit Antwort geben. Es scheint demnach eine sehr langstielige Geschichte werden zu wollen, und ich möchte doch gern die Sachen zu meinen Arbeiten bald möglichst benutzen. Könnten Sie mir wohl darüber und über die Art Auskunft geben, wie ich auch der andern dort angeführten grammatischen lexikalischen Werke (namentlich des vollst. tamul. Lexicons) recht bald habhaft werden kann? Da ich einmal im Zuge bin, will ich noch eine Bitte hinzufügen, die Sie mir aber nicht übel nehmen mögen. Ich wünschte nämlich auf kurze Zeit H. Harkness ancient and modern alphabets etc. London 1837. und die Übersetzung des NT. in das Tuluva[101] oder Codugu[102], wenn nämlich eine solche existirt, von der Berliner Bibliothek zu haben. Ist es Ihnen möglich, mir dieselbe zu verschaffen, ohne daß es Ihnen viel Umstände machte, so ersuche ich Sie, die Bücher entweder gelegentlich an HE. v. d. Gabelentz oder direct an mich zu schicken. In jedem Falle aber, auch wenn Sie blos einen Brief an mich abgehen lassen, bitte ich Sie, nie zu frankiren, da der Genuß doch immer auf

---

99   Adolf Asher (Cammin 23. Aug. 1800–1. Sept. 1853 Venedig), Buchhändler und Verleger. Er gründete 1830 eine Buchhandlung in Berlin, die schnell einen internationalen Ruf bekam. Vgl. Otto Mühlbrecht: Asher, Adolf. *ADB* 1.1875, S. 619.

100   August Weigel (Leipzig 23. Febr. 1773–25. Dez. 1846 Leipzig), Buchhändler, der 1795 eine eigene Buchhandlung in Leipzig eröffnete, die sich besonders auf antiquarische Bücher konzentrierte. Das Geschäft wurde von seinem Sohn Theodor Oswald Weigel (1812–1881) fortgeführt. Vgl. Karl Friedrich Pfau: Weigel, Johann August Gottlob. *ADB* 41.1896, S. 469–471.

101   Dravidische Sprache der Region Tulu Nadu.

102   Dravidische Sprache Kodagu, auch Coorgi.

meiner Seite ist. Von jetzt an hoffe ich doch nicht in meinen Arbeiten durch Krankheit oder Kränklichkeit unterbrochen zu werden, wie es von Mitte December an leider fortwährend der Fall gewesen ist. Ihnen wünsche ich ebenfalls herzlich eine recht dauerhafte Gesundheit, wie sie freilich bei Ihren überhäuften Anstrengungen nicht gut möglich sein kann. Deshalb erlaube ich mir, Ihnen hier den Vorschlag zu erneuern, daß Sie sich um Ostern herum, wenn die Tage wieder schön werden, eine größere Erholung gönnen und herauskommen in unser grünes, freundliches und gemüthliches Thüringen. Der herzlichsten Aufnahme können Sie bei mir und den Meinigen gewiß sein.

Nun zum Schluß noch recht viele Grüße an alle Mitglieder der Mittwochs-Gesellschaft. Bei der hier im Ganzen herrschenden wissenschaftlichen Sterilität, welche freilich nicht erzeugt ist durch die glühenden Strahlen einer morgenländischen Sonne, sehne ich mich doppelt dahin zurück. Auch Herrn Prof. Petermann, der sich soviel um mich bemüht hat, sowie dessen liebenswürdige Frau und das holde Gustchen grüßen Sie schön und sagen Sie ihnen, daß ich die Jenenser Welt mit meinem so erfreulichen Berichte von ihnen förmlich electrisirt habe. Endlich würde ich auch bitten, mich Buschmann zu empfehlen, wüßte ich nicht, daß Sie sich mit diesem nicht gern etwas zu schaffen machen. Ich wenigstens möchte es mit ihm nicht verderben, da er sich so bereitwillig gezeigt hat, mir von Humboldt Empfehlungen zu verschaffen.

Leben Sie wohl, lieber Jülg, behalten Sie mich in freundlichem Andenken und bleiben Sie mir so gewogen wie Ihnen von Herzen ergeben ist Ihr
treuer Freund Reinhold Rost

Da es mehrere Eisenberg gibt, so möchte wohl der Zusatz „in Altenburg" nicht überflüssig sein. Könnte ich wohl in Berlin billig zu Ausgabe der Classiker der drei südlichen romanischen Völker kommen? und wo?

3
Herrn Dr. Bernhard Jülg
Wohlgeboren
Berlin

Geliebter Freund!
Als ich den letzten März von Halle und Altenburg und zwar, wie gewöhnlich, unverrichteter Sache zurückgekehrt war, fand ich Ihren lieben Brief hier vor, dessen gütiger Einladung ich gern gefolgt wäre, wenn ich hätte hoffen können, Sie ganz bestimmt den 3ten April in Weimar zu treffen. Nun war mir's tröstlich, vorigen Woche von Gabelentz (jetzt Geheimrath) zu erfahren, daß er Sie am bestimmten Tage auch nicht hat ausfindig machen können. Wahrscheinlich hat sich Ihre Abreise von Berlin etwas verzögert gehabt. Für den Fall, daß Sie dahin zurückgekehrt sind, sende ich Ihnen durch Herrn Prof. Petermann einige Zeilen, um Sie zu benach-

richtigen, daß ich in 14 Tagen endlich über Heidelberg, Bonn und Brüssel nach London zu reisen gedenke. Es sind mir nämlich ganz wider Erwarten und wohl durch Gabelentzens Vermittlung 100 rT von der Regierung bewilligt worden, und eine gleiche Summe hat mir eine alte Dame in Jena geschenkt. Fünfzig Thaler gehen davon ab für Kleider und Bezahlung kleiner Schulden (denn die großen kann ich, wenn's sonst gut geht, erst später abtragen) und dennoch hoffe ich mit dem, was mir von der Reise übrig bleibt, nicht nur noch vier Wochen in London zu leben, sondern wenn ich eine Aussicht habe, inzwischen durch Stundengeben etwas verdienen zu können oder als Hauslehrer in eine engl. Familie einzutreten, auch bis Hamburg zurückzureisen, wo ich erst wieder Credit habe bis hierher. Sie sehen, die Sache sieht erstaunlich luftig aus, und wenn ich nicht besonderes Glück habe, woran ich nicht sehr glaube, so bin ich dann ganz wieder auf dem alten Felde [?], muß mich zu einem Krautjunker als Bubenbändiger verdingen und habe habe die herrliche Aussicht vor mir, nach zwölf Jahren ein gemüthlicher Dorfpfarrer zu werden, eine Frau zu nehmen, ein Dutzend Kinder zu bekommen, mit deren Erziehung meine Mußestunden auszufüllen und endlich mich begraben zu lassen.

Malen Sie sich diese leichten Umrisse recht lebendig aus, vergessen Sie nicht, mir die nöthige Schlafmütze über die Ohren zu ziehen, und stimmen Sie irgend ein geistliches Lied an, bei dessen letztem Wort ich gemessenen Schrittes nach der Kanzel steige und die andächtige Gemeinde zu erbauen mich bemühe. Mache ich dann einmal im Sommer eine Reise nach einer Universität, höre ich dort Ihren Namen vielfach nennen, und klopfe bescheiden an Ihren Bibliotheks- und Arbeitssaal; – Sie werden in dem armen Dorfpastorlein kaum noch Ihren alten treuen Rost erkennen, der bei und mit Ihnen so herzlich vergnügt gewesen ist. Einen Theil der Herbstferien bringen Sie natürlich auf meinem stillen Dörfchen zu, lassen sich von mir gehörig pflegen, leben übrigens ganz ungestört und ungenirt und sammeln sich Kräfte zum neuen Semester. – Wie gefällt Ihnen dieses Bild meines späteren Lebens? Bei allem Komischen hat es doch auch etwas Gemüthliches, und jedenfalls ist es besser, ich schaffe mir, wenn alle meine jetzigen Pläne scheitern, in solcher Weise eine praktische Wirksamkeit, als daß ich etwa Trauerspiele schreibe und dabei Hunger leide.

Am liebsten sollte mir's sein, wenn ich diesen Brief vergeblich geschrieben hätte und Sie in Heidelberg träfe. Dann wollten wir recht vergnügt ein paar Tage verplaudern und in der frohen Hoffnung von einander scheiden, daß wir uns früher oder später wiedersehen und in unveränderter Liebe umarmen. Erhalten Sie mir die Ihrige, wie ihnen die meine gewiß ist, und begleiten Sie mich im Geiste in das Blaue hinaus, dem ich nicht ohne Bangigkeit entgegensteure.
Leben Sie wohl!
Ihr treu ergebener Reinhold Rost

Eisenberg den 6. Juni 1847

4

Geliebter Freund!

Mit Ihren letzten erfreulichen Zeilen haben Sie mir ein rechtes Fest bereitet; Ihre gütige Fürsorge hat mir überaus wohl gethan, sie ist mir ein Beweis mehr, wie gute Sie es mit mir meinen. Haben Sie den herzlichsten Dank und nehmen Sie die Versicherung, daß ich Ihnen von ganzem Herzen ergeben bin und bleiben werde, wohin mich auch einmal das wogende Leben verschlägt. Ihre Adressen habe ich hier besorgt, doch konnte ich nicht füglich bei H. Orth logiren, da dies ein mir ziemlich nahe stehender Landsmann sehr übel genommen haben würde. Von H. Hauser erhalte ich eben einen Brief zum Einschluß. H. Prof. Häusser[103] habe ich nicht sprechen können, da mir seine Mutter sagte, er sei sehr beschäftigt und mit Arbeiten überhäuft. GehRath [----] war überaus freundlich und liebevoll gegen mich; in den nächsten Tagen werde ich die angegebenen Engländer bei ihm kennen lernen. Alle lassen Sie herzlich grüßen; doch weiß keiner etwas von der Karte an die Andern. In dem gemütlichen Heidelberg gefällt mir's prächtig; seit Dienstag früh bin ich hier, muß aber schon den Sonntag früh wieder abreisen. Den Montag gehe ich von Mannheim nach Mainz, den Dienstag nach Bonn. Von meiner Reise läßt sich nicht viel sagen. Bei Coburg verlebte ich eine kostbare Woche auf dem Lande bei einem befreundeten Geistlichen und dessen liebenswürdiger Familie, von wo aus ich öfters bei [Friedrich] Rückert war. Dort erhielt ich auch einen langen Brief von B[ernhard] v. Dorn aus Petersburg nebst einem [----]briefe von Bland u. Karten an Mitchell, Forshell u. A. Briefe an Plate und Beke [?][104] habe ich von Fleischer. Dr. Weber werde ich alsbald aufsuchen, von ihm Spiegels Wohnung erfahren und mir mit ihrer Hilfe sogleich ein Logis miethen. Hat Ihnen vielleicht Prof. Hoffmann[105] in Jena in Sachen der Isenbergschen Werke[106] über d. Amharische geschrieben? Er trug mir auf, ihm dieselben zu verschaffen, und mir erlaubt, ihn einstweilen an Sie zu weisen. H. v. d. Gabelentz wollte mir einen Brief schicken an den Vertreter der Bibelgesellschaft, scheint es aber vergessen zu haben.

Leben Sie wohl, mein theurer Freund, mögen auch Ihre Wünsche mit gutem Erfolg gekrönt werden. Grüßen Sie Petermann und Gosche und behalten Sie lieb
Ihren treu ergebenen R. Rost

Heidelberg d. 8. Juli 1847

---

103 Vermutlich der Historiker Ludwig Häusser (Kleeburg 26. Okt. 1818–17. März 1867 Heidelberg), 1845 Extraordinarius, 1849 Ordinarius an der Universität Heidelberg. Vgl. Peter Fuchs: Häusser, Ludwig. *NDB* 7.1966, S. 456–459.

104 Vielleicht der Forschungsreisende Charles Tilstone Beke (1800–1874).

105 Andreas Gottlieb Hoffmann (Welbsleben 13. April 1796–16. März 1864 Jena), Theologe und Orientalist, seit 1844 Ordinarius für Theologie in Jena. Vgl. Gustav Moritz Redslob: Hoffmann, Andreas Gottlieb. *ADB* 12.1880, S. 571–572.

106 Karl Wilhelm Isenberg (Barmen 5. Sept. 1806–10. Okt. 1864 Korntal-Münchingen), Missionar in Äthiopien und Indien. Er trat besonders durch seine Arbeiten zum Amharischen hervor, wie *Grammar of the Amharic language*. London: Church Missionary Society 1842. Vgl. Karl Friedrich Ledderhose: Isenberg, Karl Wilhelm. *ADB* 14.1881, S. 614–618.

Herrn Dr. Bernhard Jülg
Berlin
d. g. F. des Herrn Stud. Orth[107]

5
Canterbury, den 9. Juli 1861

Mein geliebter Freund,
Heute vor 8 Tagen erhielt ich Deinen lieben Brief, welcher mir nach Woolwich, wohin ich auf ein paar Tage zum Besuch gegangen war, nachgeschickt wurde. Wie herzlich ich mich auch freute, Ausführlicheres über die Schicksale zu erfahren, so niederschlagend waren mir auf der anderen Seite Deine Mittheilungen über Deine jetzigen Verhältnisse, zumal eine Verbesserung derselben ihre großen Schwierigkeiten hat. Doch war ich einigermaßen durch die Geschichten darauf vorbereitet, die mir voriges Jahr Schleicher in Jena über seine Prager Erfahrungen erzählt hat. Ich würde Dir rathen, sobald als Deine Ausgabe des Siddhi-kür erschienen ist, Deine Augen wieder nach Rußland zu wenden. Wenn es Dir recht ist, will ich Schiefner die Angelegenheit ernstlich ans Herz legen; das ist vielleicht besser, als wenn Du Dich selbst an ihn oder einen seiner Collegen wendest. Die Erfahrungen, die ich in England gemacht habe, sind auch nicht weniger als ermuthigend, und ich habe nicht einmal den Ersatz, Freud und Leid mit einer lieben Frau theilen zu können. Völlig unvorbereitet auf Englische Zustände, Sitten, Denkweisen und gesellschaftliche Verhältnisse kam ich im J. 47 nach London mit der vagen Idee, ein Engagement zu suchen, das mich nach Indien brächte. In Bezug auf die Schwierigkeit, ja fast Unmöglichkeit, diesen Plan auszuführen, wurde mi aber bald genug der Staar gestochen. Nach Deutschland zurückkehren wollte ich nicht, und ich mußte mich, nachdem ich meine eigenen Mittel aufgezehrt und bereits Schulden zu machen angefangen, nach einem Wirkungskreise in England umsehen. Bunsen[108] gab sich Mühe, mir einstweilen eine gute Hauslehrerstelle zu verschaffen; allein die Sache zerschlug sich wieder, da ich in meinem Eigensinn etwas Wissenschaftlicheres wollte. Trotzdem würde es mir wohl gelungen sein, mich auf eigene Faust durchzuschlagen durch Unterrichtgeben pp. da ich in sehr gute Familien Zutritt hatte, wenn ich nicht in Folge meiner kleinstädtischen Schüchternheit, Blödigkeit, völliger Unbekanntschaft mit der Welt und eines lächerlichen Mangels an Savoir vivre die sich mir darbietenden herrlichen Gelegenheiten hätte unbenutzt vorübergehen lassen. Erst nach Jahren sind mir die Augen darüber aufgegangen, wie muthwillig ich mir damals in London den Weg zu meinem Fortkommen verscherzt habe. Statt dessen fristete ich mein zweites Jahr in London meine

---

107 Es dürfte sich um Ludwig Christian Orth handeln, der für 1846 bis 1851 in der Matrikel der Universität Heidelberg nachgewiesen ist. Sein Vater war Pfarrer in Griesheim.
108 Christian Karl Josias von Bunsen (Korbach 25. Aug. 1791–28. Nov. 1860 Bonn), Diplomat, 1841–1854 preußischer Botschafter in London. Vgl. Reinhold Pauli: Bunsen, Christian Karl Josias Freiherr v. *ADB* 3.1876, S. 541–552.

Existenz nothdürftig durch Ordnung und Beschreibung der Pali-Handschriften des Brit. Mus. Dann fing ich an, den interessanten Pali Gesetzcodex zur Herausgabe vorzubereiten; doch stellte sich bald heraus, daß dies ohne eine zweite Handschrift nicht thunlich war, und obgleich ich alle Versuche angestellt habe, eine solche aus Ceylon, Burma und Siam zu erlangen, ist es doch bis jetzt keinem meiner dortigen Correspondenten gelungen, eine aufzutreiben. Darauf folgte ich im Sommer 49 der Einladung eines bigotten engl. Geistlichen, zu ihm aufs Land zu ziehen und ihn Deutsch und Sanskrit zu lehren. Nachdem ich dort sieben Monate lang ausgehalten (der Frau Pastorin war ich von allem Anfang an ein Dorn in den Augen gewesen), wurde mir die Stelle als Lehrer des Deutschen an hiesiger Domschule angetragen, mit der Aussicht, eventuell auch orientalische Sprachen an dem hiesigen neu-gegründeten hochkirchlichen Missionsseminar zu lehren. Dies bewog mich, das Anerbieten anzunehmen. Als Lehrer des Deutschen u. Hebräischen an der Domschule habe ich denn auch seitdem fungirt, und da mein Gehalt nur gering war, und es auch jetzt noch ist (ich habe auch blos 6 Stunden wöchentlich zu schulmeistern), mußte ich Privatunterricht geben, was meine Zeit und Kräfte dermaßen in Beschlag nahm, daß ich an selbständige Studien auf die Dauer nicht denken konnte. Diese vagabundierende Schulmeisterei hat auch bis jetzt fortgedauert; doch fange ich nun an sie nach und nach einschlummern zu lassen. Erst zu Anfange d. J. 52 wurde ich an der Missionsanstalt als Oriental Lecturer angestellt mit £ 40 Gehalt. In den ersten Jahren gab's da wenig zu thun, indem nur dann und wann Einer nach Indien oder Süd-Afrika geschickt wurde. Später als ich mehr zu thun bekam, verlegte ich meinen Wohnort in die Anstalt selbst, und mein Gehalt ist seit 2 Jahren auf £100 erhöht worden, so daß ich doch jährlich an £250 Einkommen habe. Die Gegenstände, worin ich Unterricht zu ertheilen habe, sind sehr verschiedenartig. Für Sanskrit habe ich natürlich stets Schüler von allen möglichen Graden, Anfänger bis zu solchen, mit denen ich den Rigveda lese; dann habe ich aber auch Hindustani, Tamulisch, Malaiisch, Holländisch, Portugiesisch, Persisch und wer weiß, was nächstens noch dazu kommt; denn unsere Anstalt vergrößert sich mit jedem Jahr. Wir haben gegenwärtig unter unseren Studenten u.A. drei Türken, zwei Kaffern, einen Basuto und einen Betschuanen; diese 4 Letzten sind erst vor wenigen Wochen vom Cap importiert worden. Könnte ich mich ausschließlich meinem Berufe als Missionssprachlehrer widmen, wie wollte ich dann die Gelegenheit, von Eingeborenen zu lernen, ausbeuten! Allein woher sollte vor der Hand wenigstens, die Zeit dazu kommen? Nun habe ich auch noch die Herausgabe mehrerer Abtheilungen der Wilsonschen Werke übernommen, von denen die früheren in Indien erschienen, wie z.B. die Sketch of the religious Sects of the Hindus, die jetzt in Berlin gedruckt wird, dem Herausgeber viel zu schaffen machen. Endlich drucken wir in unserer Missionsdruckerei im Augenblick allerlei Sprachliches über die Dialecte der Dajakken in NW. Borneo. An Arbeit der verschiedensten Art fehlt mir's also nicht. Daß sich in diesen Jahren meine Bibliothek stark bereichert hat, brauche ich Dir nicht zu erwähnen; in Bezug auf indische, hinter-indische und malayisch-polynesische Philologie und Literatur sucht sie ihres Glei-

chen. Auch für das Chinesische besitze ich die besten Grammatiken, Wör-
terbücher, Chrestomathien pp. Benfey's Übersetzung des Pantschatantra[109]
hat auch mich auf's höchste interessirt; schon vorher hatte ich angefangen,
auch nach dieser Richtung hin zu sammeln, und ich werde vielleicht einmal
im Stande sein, ihm einige Beiträge zu seinen Studien zu liefern. An das
Pali möchte ich mich gar gern wieder heranwagen, zumal ich manche seltene handschriftliche Materialien hierfür besitze, die mir Freunde aus
Ceylon und Barma geschickt haben. Auch hatte ich vorigen Jahr angefangen,
Turnour's[110] Arbeiten über Pali Literatur zum Behufe einer neuen Ausgabe
derselben kritisch durchzugehen; allein verschiedene Umstände bewogen
mich damals, zwar ganz gegen Fausböll's[111] Rath, die Sache liegenzulassen.
Wer weiß, wann ich nun wieder einmal daran komme! Mit englischen oder
in England lebenden fremden Orientalisten komme ich nur selten in Berührung. Müller habe ich seit 3 Jahren nicht gesehen. Aufrecht[112] kenne ich
noch gar nicht persönlich. Dagegen kenne ich H. Summers[113], Professor des
Chinesischen, der seit Anfang dieses Jahres eine chinesische Grammatik
drucken läßt, sowie Goldstücker[114] und vor allem den alten Norris, der jetzt
tief in der assyrischen Keilschrift vergraben sitzt, näher, und mit Letztge-
nanntem bin ich sehr befreundet. Natürlich bin ich nach so vielen Jahren,
seit ich hier wohne, mit Krethi und Plethi bekannt geworden, habe auch
manchen recht achtbaren Freund gewonnen. Allein recht glücklich fühle ich
mich doch nicht, und namentlich mit der hochmüthigen, hyperorthodoxen
Geistlichkeit, unter der ich hier leider mitten drunter lebe, befinde ich mich
stets in einem Zustande des Antagonismus, denn meine Humanitätsideen
vertragen sich schlecht mit der bigotten Exclusivität der meisten dieser

109 Theodor Benfey: *Pantschatantra. Fünf Bücher indischer Fabeln, Märchen und Erzählungen.*
Aus dem Sanskrit übersetzt mit Einleitung und Anmerkungen. Leipzig: F. A. Brockhaus 1859.
2 Bde.

110 George Turnour (1799–1843); vgl. Biographical sketch of Turnour in James Emerson
Tennent: *Ceylon; an account of the island physical, historical, and topographical,* vol. 1. 4th
ed., thoroughly rev. London, Longman, Green, Longman, and Roberts, 1860. p. 312-318.

111 Michael Viggo Fausbøll (Hove bei Lemwig, Jütland 22.9.1821–3.6.1908 Charlottenlund),
Sanskritist, studierte erst Philosophie und Theologie, bevor er sich dem Studium des Sanskrit
bei Niels Ludvig Westergaard zuwandte. Seit 1848 konzentrierte er sich auf buddhistische
Studien und auf das Pāli und gab 1855 eine Edition des Dhammapada heraus. Er war an der
Universitätsbibliothek in Kopenhagen tätig und wurde 1878, nach Westergaards Tod,
Professor für Sanskrit. Er gilt als Pionier der Pāli-Studien in Europa. Vgl. *Dansk biografisk
leksikon* 4.1980, 347–349.

112 Theodor Aufrecht (Leschnitz/Oberschlesien, 7.1. 1821(1822?)–3.7.1907 Bonn), Sprachwissenschaftler und Indologe, studierte in Berlin klassische Philologie bei Böckh und Lachmann
und orientalische Sprachen bei Bopp und wurde 1847 mit einer Arbeit über den Sanskrit-
Akzent promoviert. Ausserdem hatte er über umbrische Sprachdenkmäler gearbeitet und war
zusammen mit A. Kuhn Mitbegründer der *Zeitschrift für Vergleichende Sprachforschung.* Er
war Privatdozent in Berlin, bevor er 1852 nach England ging, wo er in Verbindung mit Max
Müller trat und sich an dessen Ausgabe des R̥gveda beteiligte. 1862 wurde er Professor für
Sanskrit in Edinburgh und 1875 Christian Lassens Nachfolger in Bonn. Vgl. Willibald Kirfel:
Aufrecht, Theodor. *NDB* 1.1953, 442–443.

113 James Summers (Lichfield 5. Juli 1828–26. Okt. 1891 Tokyo) wirkte als (Englisch-)Lehrer
in China und Japan. Zwischenzeitlich war er 1854–1873 Professor für Chinesisch am King's
College, London.

114 Theodor Goldstücker (Königsberg 18. Jan. 1821–6. März 1872 London), Sanskritist. Er
wurde 1851 Professor für Sanskrit an der Universität London. Vgl. August Leskien: Goldstücker, Theodor. *ADB* 9.1879, S. 341.

Leute. Ich sehne mich daher sehr nach einer permanenten und sicheren Verbesserung meines Einkommens, damit ich dann eine Frau nehmen kann, mit der ich ein glückliches und zufriedenes Leben führe.

Hier hast Du etwa in nuce einen Überblick über meine Erlebnisse, Erfahrungen, Studien, Pläne und frommen Wünsche. Laß und nun nach so langer Unterbrechung recht herzliche, gute Freunde bleiben; und kann ich etwas für Dich in England thun oder besorgen, so laß michs nur wissen. Dein Dir herzlich ergebener alter Freund
Reinhold Rost

6

London, 5 New Burlington Street
Regent Street, W.
den 25 December 1865

Mein geliebter Freund!
Eine so unerwartete herzliche Freude ist mi selten zu Theil geworden wie die war, welche mir Dein lieber Brief bereitet hat. Einen Brief habe ich einmal von Dir aus Crakau erhalten, und zwei habe ich dahin an Dich geschrieben, einen kurzen Vorreiter und eine schwerfällige Familienkutsche. Letztere, obgleich nichts Polizeiwidriges enthaltend, hat wahrscheinlich dazu herhalten müssen, irgend einem müßigen Polizeispürhund die Pfeife anzuzünden. Mag sein, daß einem zweiten Briefe von Dir ein gleiches Schicksal widerfahren ist. Kurz, ich habe nicht einmal gewußt, daß Du in Tyrol bist, obwohl ich dieses Factum recht wohl aus der Mitgliederliste der D. M. Ges. hätte ersehen können. Seitdem ich in London wohne, – es sind jetzt gerade zwei Jahre – werden die Freundschaftsbriefe, die ich schreiben kann, immer kürzer und immer seltener; theils verleidet mir die geschäftliche Correspondenz, die nicht immer der angenehmsten Art ist, das Briefschreiben überhaupt, theils bleibt mir auch nicht viel Zeit zu solchen Herzensergießungen übrig, wie sehr sie mir auch Bedürfnis sind. Für einen einzelnen Menschen wäre meine Stellung hier eine recht anständige zu nennen, für einen Mann mit Frau und Kind reicht sie jedoch nicht aus, und ich bin genöthigt, nicht nur einen Tag in der Woche auf das Missionsseminar in Canterbury zu verwenden, sondern muß auch hier noch Privatunterricht in Sanskrit ertheilen, damit ich nur bei dem fabelhaft theuren Leben auskommen kann. Mit Fachgenossen stehe ich nicht in näheren Verhältnissen.

Mit dem alten Norris[115] bin ich zwar sehr befreundet, er hat aber jetzt für nichts Anders mehr Sinn als für das altassyrische Wörterbuch, woran seit Jahren arbeitet, und wovon jetzt die ersten Bogen gedruckt werden. Zu Goldstücker komme ich sehr selten; er ist mit Geschäften aller Art überhäuft, und wie sehr ich auch stets über seine riesigen Kenntnisse staunen muß, ist er doch nicht der Mann nach meinem Herzen. In noch viel geringerem

---

115   Edwin Norris (Taunton 24. Okt. 1795–10. Dez. 1872), Linguist und Orientalist, bekannt für sein *Assyrian Dictionary* (London 1868–1872). Vgl. Norris, Edwin. *DNB* 41.1896, 119–120.

Grade ist dies Hall[116], der Nachfolger Ballantyne's und Wilsons an der
Bibliothek der früheren East India Company, jetzt India Office, welcher
auch des Schattens von Pietät gegen das Andenken seiner Vorgänger
ermangelt und ein sehr hämischer Amerikaner ist. Wright[117] und Rieu[118]
sind mir noch die liebsten; ich besuche sie zuweilen im britischen Museum,
ihre Geschäftssunden sind aber auch die meinigen, und ihre Privat-
wohnungen sind von hier sehr entfernt, ein Umstand welcher überhaupt dem
freundlichen Familienverkehr sehr hinderlich ist. Max Müller kommt zwar
oft von Oxford nach London, ich sehe ihn aber kaum jährlich einmal, und
das ist mir sehr lieb, denn mit einem so raffinirt selbstsüchtigen Menschen
ist kein Auskommen. Geschäftlich komme ich natürlich mit manchen
interessanten Leuten in Berührung, wenn auch dies im Ganzen nicht in dem
Maße der Fall ist, wie ich anfangs erwarten zu dürfen geglaubt hatte. Denn
unsere Gesellschaft ist lange nicht mehr was sie vor 30 Jahren war, und
verhältnißmäßig nur wenigen ihrer Mitglieder liegt ihr Ruhm und Wohl-
ergehen recht am Herzen. Daher habe ich auch die größte Mühe, Vorträge
für die Versammlungen (es sind deren 12 im Jahre) und Abhandlungen für
das Journal aufzutreiben. Überhaupt bin ich das Factotum der Gesellschaft,
und in Bezug auf die Verwaltungsangelegenheiten ist dies kein angenehmer
Posten. Selbst daß wir hier im hause der Gesellschaft wohnen, hat bei seinen
vielen wissenschaftlichen Bequemlichkeiten doch auch den Nachtheil, daß
letztere mit der häuslichen Zurückgezogenheit und Abgeschlossenheit, die
man in England mit Recht so hochschätzt, oft in Collision gerathen.
Vielleicht kann ich mir einmal eine andere Stelle verschaffen, die mir an

---

116 Fitz-Edward Hall (Troy, New York 21.3.1825–11.2.1901 London), Philologe; der studierte
     Bauingenieur beschäftigte sich schon während seiner Studienzeit intensiv mit Sprachen und
     übersetzte zahlreiche Werke aus dem Deutschen. 1846 reiste er nach Indien auf der Suche
     nach seinem ausgerissenen Bruder, erlitt kurz vor Calcutta Schiffbruch und musste sich
     deshalb länger als geplant in Indien aufhalten. Er nutzte die Zeit, um Hindi, Bengali, Sanskrit
     und Persisch zu lernen, betätigte sich als Journalist und Lehrer und wurde bald zum
     Schulinspektor ernannt. 1860 wurde er von der Universität Oxford zum Doktor der Rechte
     promoviert und nach seiner Rückkehr aus Indien, 1862, wurde er Professor für Sanskrit und
     Indisches Recht am King's College in London und gleichzeitig Bibliothekar der India Office
     Library. 1869 wurde er wegen angeblicher Trunksucht entlassen, woraufhin er sich als
     Privatgelehrter in Sussex niederliess und am *Oxford English Dictionary* mitarbeitete. Er gab
     mehrere Sanskrit-Schriften heraus und war in England als bissiger und sarkastischer Kritiker
     philologischer Werke gefürchtet. Vgl. Caskie Harrison: Obituary Fitzedward Hall. *Modern
     language notes*, 16,3.1901, 92–96.
117 William Wright (Mallai/Nepal 17.1.1830–22.5.1889 Cambridge), Orientalist, studierte in St.
     Andrews, Schottland, Halle und Leiden und wurde 1855 zum Professor für Arabisch am
     University College in London ernannt. Von 1856 bis 1861 lehrte er am Trinity College in
     Dublin und war dann insgesamt 9 Jahre am Britischen Museum tätig. 1870 erhielt er die
     Thomas Adams Professur für Arabisch in Cambridge. Sein Hauptinteresse galt den syrischen
     Manuskripten. Vgl. Cecil Bendall: Wright, William. *DNB* 63.1900, 138–139.
118 Charles Rieu (Genf 8.6.1820–19.3.1902 London), schweizerischer Orientalist, studierte in
     Bonn Orientalistik und Sanskrit bei Lassen und promovierte dort 1843. 1847 ging er nach St.
     Petersburg, wo er gemeinsam mit Otto Böhtlingk Hemacandras *Abhidhānacintāmaṇi* her-
     ausgab. Im selben Jahr übersiedelte Rieu nach London, wo er eine Anstellung in der Hand-
     schriftenabteilung des British Museum fand. Von 1856–1895 war er Professor für Arabisch
     und Persisch am University College of London, zuletzt war er Adams-Professor in Cambridge.
     Er stellte wichtige Handschriftenkataloge zusammen, u.a. den dreibändigen Katalog der
     persischen Manuskripte in der British Library. Vgl. Edward G. Browne: Professor Charles
     Rieu, Ph.D., M.A. *JRAS* 1902, 718–721.

und für sich eine etwas sorgenfeiere Existenz gewährt. Vergangenen Sommer, als ich mit Frau und Kind in Deutschland war, hätte ich mich so gern
mit Gabelentz über des und vieles Andere aussprechen mögen; es traf sich
aber so unglücklich, daß ich nicht nach Altenburg reisen konnte, ebenso-
wenig wie nach Berlin. Auch Pott[119] und Brockhaus verfehlte ich; nur
Schleicher[120] und Stickel in Jena traf ich an. Nun werden wohl Jahre ver-
gehen, bis ich wieder einmal ins liebe Vaterland reisen kann.

Der vollständigen Ausgabe des Ssidi-Kür habe ich seit dem Empfang des
Specimen mit großem Interesse entgegengesehen und danke Dir im Voraus
herzlich für das mir zugedachte Exemplar. Benfey's Forschungen auf dem
Gebiete der Märchenwelt haben, wie gewiß auf viele Andere, so auch auf
mich, höchst anregend gewirkt, und ich habe mich ganz in den betreffenden
Litteraturkreis hineingelebt; ich würde also schon aus Interesse an der Sache
selbst, ganz abgesehen von der philologischen Wichtigkeit dieser Ausgabe,
mein Möglichstes zur weiteren Bekanntmachung des Werkes thun, um
wieviel lieber thue ich es nun, da persönliche Freundschaftsverhältnisse mir
die Sache zu einer Herzensangelegenheit machen! Trübner[121] gibt ein
monatliches Litteraturblatt [the literary Record] heraus, welches in der

---

119   August Friedrich Pott (Nettelrede 14. Nov. 1802–5. Juli 1887 Halle), Sprachwissenschaftler,
       studierte in Göttingen Theologie und Philologie und promovierte dort 1827. Nach kurzer
       Lehrtätigkeit an einem Gymnasium in Celle ging er nach Berlin, wo er sich 1829 habilitierte
       und daraufhin 1833 zum ausserordentlichen Professor der Allgemeinen Sprachwissenschaft
       in Halle ernannt wurde. 1838 wurde er zum ordentlichen Professor befördert. 1845 gründete
       er gemeinsam mit anderen Gelehrten die Deutsche Morgenländische Gesellschaft. Im
       Zentrum seiner Forschungen standen Probleme der Indogermanistik. Vgl. Rüdiger Schmitt:
       Pott, August Friedrich. *NDB* 20. 2001, 659–660; Joan Leopold: *The letter liveth: The life,
       work and library of August Friedrich Pott (1802–1887)*. Amsterdam, Philadelphia: John
       Benjamins Publishing Company 1983. 437 S.
120   August Schleicher (Meiningen 19.2.1821–6.12.1868 Jena), Linguist, studierte in Leipzig und
       Tübingen erst Theologie, dann orientalische Sprachen und promovierte 1846 in Bonn. Nach
       einigen Jahren, in denen er als Privatgelehrter tätig war, reiste er während der Unruhen von
       1848 als Korrespondent der *Augsburgischen Allgemeinen Zeitung* nach Paris, Wien und Prag.
       Die Prager Universität stellte ihn aufgrund seiner sprachwissenschaftlichen Arbeiten 1850 als
       ausserordentlichen Professor für klassische Philologie ein. 1853 wurde er Ordinarius für
       Vergleichende Sprachwissenschaft. 1857 folgte er einem Ruf nach Jena. Schleicher gilt als
       Begründer der Stammbaumtheorie in der Vergleichenden Sprachforschung. Er wurde 1857
       zum korrespondierenden Mitglied der Petersburger Akademie der Wissenschaften ernannt.
       Vgl. Johannes Schmidt: Schleicher, August. *ADB* 31.1894, 402–416; Gertrud Bense:
       Schleicher, August. *NDB* 23.2007, 50;.; Klaus Strunk (Hg.): *Zur Geschichte der Sprachwis-
       senschaft im 19. Jahrhundert. Briefe Johannes Schmidts an August Schleicher 1865–1868*;
       vorgetragen am 6. Juli 2007. München: Akademie 2014. 128 S. (Bayerische Akademie der
       Wissenschaften, Philosophisch-Historische Klasse. Abhandlungen 140.)
       http://publikationen.badw.de/042102991
121   Nikolaus Trübner (Heidelberg 12.6.1817–30.3.1884 London), Buchhändler und Verleger in
       London, machte eine Buchhändlerlehre in Heidelberg und arbeitete dann als Gehilfe bei
       verschiedenen Verlagen in Göttingen, Hamburg und Frankfurt. 1843 ging er nach London,
       wo er eine Anstellung bei W. Longman fand. 1851 machte er sich selbstständig und spezia-
       lisierte sich auf die aussereuropäischen Länder, erst auf Amerika, dann auf Asien. 1863
       gründete er die Zeitschriften *Trübner's American –* und *Trübner's Oriental Literary Record*,
       in denen Neuerscheinungen vorgestellt wurden. Er lernte selber hierzu Sanskrit bei
       Goldstücker und gab ab 1878 die *Oriental Series*, eine Sammlung von Werken zur Philologie
       und Geschichte des Orients, heraus. Vgl. K. Steiff: Trübner, Nicolaus. *ADB* 38.1894, 674–
       677.

ganzen Welt circulirt; eine kürzere Anzeige würde sich dafür eignen. Eine ausführlichere werde ich dagegen für eine der Litteraturzeitungen anfertigen. Es gibt meines Wissens in England nur einen Menschen, welcher Mongolisch versteht, der Pfarrer Malan[122]. Trotzdem glaube ich, daß sich das Werk als Curiosität und seines litterarischen Interesses halber gut verkaufen wird. Wie gerne machte ich mich an eine selbständige Arbeit, wozu es ja hier in London an Materialien geradezu wimmelt! Sei es ein Werk aus der älteren Pali Litteratur oder ein Sanskrit Text (z.B. des Vâyu Purâna) oder eins der besseren Stücke aus der malayischen Litteratur (in unserer Gastkammer steht in stiller Zurückgezogenheit die reichste Sammlung javanischer und malayischer Handschriften, die wohl irgend eine europäische Bibliothek aufzuweisen hat) oder eine Arbeit auf dem Gebiete der indischen oder malayo-polynesischen Linguistik, kurz es wäre Stoff hier für ein zehnfaches Leben, müßte man nicht um des Lebens willen solchen Träumen entsagen. Schon voriges Jahr habe ich mich dazu bereden lassen, mit Benutzung von Elliot's nachgelassenen Papieren eine neue Bearbeitung seines Glossary of Indian Terms zu veranstalten. Die Arbeit ist nicht nach meinem Geschmacke, und ich habe mich lange dagegen gesträubt, werde aber doch meine Hand ans Werk legen müssen.

Briefmarken lege ich bei, so viele als ich mir gerade habe verschaffen können; da ich vorigen Sommer eine große Anzahl mit nach Hause genommen, war mein Vorrath aber jetzt ganz zusammengeschmolzen.

Hoffentlich schreiben wir einander nun öfter. Beiliegenden Bären würdest Du nach 19 Jahren schwerlich wieder erkennen, wenn Du nicht annehmen müßtest, daß er kein Anderer sein kann als
Dein Dir treu und herzlich ergebener
R. Rost

Herrn Professor Dr. B. Jülg
Innsbruck, Tirol, Austria

7
Royal Asiatic Society
5, New Burlington Street, W.
London, den 24 Decbr. 1868

Mein geliebter Freund!
Es hat über meinem Briefwechsel mit Dir in diesem Jahre ein trauriges Geschick gewaltet. Alles, was Du seit dem Sommer an mich zu schicken die Güte gehabt und womit Du mich so sehr erfreut und zu Danke verpflichtet hast, sowohl Briefe als Bücher, ist richtig angekommen, und doch habe ich Dir weder antworten noch bisher durch eine Anzeige im Record beweisen können, daß ich das Bewußte bekommen habe. Seit Ende Juli, als Schiefner

---

122 Solomon Caesar Malan 22. April 1812–25. Nov. 1894), protestantischer Geistlicher, bedeutender Sprachkenner; vgl. Lauren F. Pfister: *Polyglot from the far side of the moon: The life and works of Solomon Caesar Malan (1812–1894).* St. Augustin: Monumenta Serica Institute 2022. XX, 347 S.

uns durch seinen Besuch erfreute, bis jetzt habe ich einen einzigen freien Tag gehabt, und habe stets auch die Sonntage dazu benutzen müssen, die Geschäfte der asiat. Gesellschaft zu besorgen. Es ist eben hier leider offenes Haus; unter den zahlreichen Besuchen, die ich täglich hier zu empfangen habe, sind zwar bisweilen sehr interessante Leute; aber bei weitem der größere Theil sind „bores", die von nichts zu sprechen wissen als von ihren Steckenpferden, ganz unbekümmert ob man sich dafür interessirt oder nicht. Wenn der Eine mir eine Stunde lang über die Landsteuer in Indien, ein Anderer über die assyrische Keilschrift, ein dritter über Pehlevi-Inschriften pp. vorgepredigt hat, und wenn ich dann meine wenige freie Zeit dazu benutzen muß, die Gesellschaftscorrespondenz zu führen, Correcturen zu besorgen und Privatunterricht zu ertheilen, so bin ich am Ende des Tages caput, und es hört alle Lust zu anderem auf. Seit dem Sommer ist diese Hetzjagd bis jetzt so fortgegangen, schlimmer als in einem früheren Jahre, und das Schlimmste, nämlich der Umzug der Gesellschaft nach einem andern Locale und mein eigener dazu, steht mir im März noch bevor. Dann aber hoffe ich wieder frei aufathmen zu können, wonach ich mich gewaltig sehne. Denn meine Gesundheit hat in den letzten Jahren sehr gelitten, und die vielen Sorgen haben auch ihr Theil dazu beigetragen. Care kills a cat, sagt das Sprichwort. Du siehst hieraus, daß ich noch nicht dazu gekommen bin, eine Anzeige für den Record zu liefern.

Es soll aber Anfang Januar mein erstes Geschäft sein. Ich werde mich dann den längst unterbrochenen Pali Studien wieder zuwenden und namentlich in der Bearbeitung meiner reichen Materialien zu einer Ausgabe der grammatischen Sûtras des Kaccâyana nebst den Commentaren fortfahren. Ich habe Dich recht sehr wegen meiner Saumseligkeit um Nachsicht zu bitten; mit Gabelentz, Weber und vielen Anderen bin ich aber ebenfalls seit dem Sommer im Rückstande. Sei indeß herzlich gegrüßt sammt Deiner lieben Frau und Deinen Kindern und sei versichert der steten treuen Freundschaft

Deines R. Rost

Ich weiß nicht, von wem der gute Artikel in der Pall Mall Gazette ist.

Herrn Director Dr. B. Jülg
Innsbruck, Tirol. Austria

8
London, den 20. Jan. 1877

Mein lieber guter Freund,
Der Anblick Deiner Handschrift nach so langer Pause war mir eine rechte Herzensfreude. Möge es Dir und den Deinen stets recht wohl ergangen sein! Ich kann leider nicht dasselbe von meinen Erlebnissen sagen, da bei uns seit 15 Monaten die Krankheits[---] kein Ende genommen hat, und ich selbst wohl in Folge des seit Monaten anhaltenden Regens, an Rheumatismus in den Händen leide, der mir das Schreiben zu einer Plage macht. Dazu habe

ich, nachdem schon mein früherer Assistent Childers[123] krankheitshalber mich öfters im Stiche zu lassen genöthigt war, dieselbe Erfahrung mit seinem Nachfolger durchzumachen, und bin immer wie ein gehetztes Reh.

Die inliegenden fremden Briefmarken habe ich mir erst von Anderen erbetteln müssen, da ich die an mich Kommenden entweder gleich weggeworfen oder weggegeben habe. Ich will aber für Dich sammeln und Dir nach einiger Zeit wieder eine Anzahl zusenden. Sei indeß herzlich gegrüßt von

Deinem treuen Freund
R. Rost

Herrn Professor B. Jülg
Innsbruck
Austria

9

London, den 6. Febr. 1877
Lieber Freund,
Das anliegende Schriftchen hat der britische Resident zu Kathmandu an die Regierung zu Calcutta geschickt als specimen der N.N.O. von Tibet gesprochenen Sokpa-Sprache. Ich kann darin nichts Anderes erkennen als einen mongolischen Tractat und ersuche Dich, falls ich mich nicht geirrt haben sollte, mir im Allgemeinen den Inhalt angeben zu wollen. Du bist wohl so gut, mir das corpus delicti gelegentlich unter Kreuzband zurückzuschicken.

In der nächsten Zeit hoffe ich Dir wieder eine Portion Briefmarken übermitteln zu können. Die meisten der in letzter Sendung enthaltenen hatte mir Trübner für Dich übergeben lassen. Da auch hier überaus viel gesammelt wird, so ist es gar nicht leicht, Leute mit ausgebreiteter Correspondenz zur Herausreichung ihrer Beute zu veranlassen. Indessen werde ich schon für Dich sorgen.
Mit herzlichem Gruß
Dein treuer Freund
R. Rost

10

London, den 12. Aug. 77

Lieber Freund,

---

123 Robert Caesar Childers (Nizza 1838–25.7.1876 London), Orientalist; der Sohn eines englischen Geistlichen studierte Orientalische Sprachen in Oxford, trat 1860 in den britischen Kolonialdienst ein und war bis 1864 als Beamter in Ceylon tätig. Dort lernte er Pāli und veröffentlichte 1869 in England den ersten Pāli-Text. Gleichzeitig begann er mit den Arbeiten an seinem Pāli-Wörterbuch, das von 1872–1875 erschien. 1872 wurde er Bibliothekar an der India Office Library und im folgenden Jahr Professor für Pāli und Buddhistische Literatur am University College in London. Vgl. *BBA*: I 227, 270–272; II 1383, 24–25; Thomas William Rhys Davids: Childers, Robert Cæsar. *DNB* 10.1887, 248–249; Nekrolog: *Trübner's Record* 118/119.1876, S. 106.

Hiermit erlaube ich mir, Dir Herrn Cust[124], der früher eine hohe Stellung im indischen Civildienste bekleidet hat, vorzustellen. Er interessiert sich sehr für Sprachwissenschaft, und ich darf wohl hoffen. daß Dir seine Bekanntschaft ebenso interessant sein werde wie ihm die Deinige
Mit herzlichem Gruß
Dein treuer
R. Rost

Herrn Prof. Dr. Jülg
Innsbruck

11
London, 3 Januar 1883

Mein lieber, theurer Freund!
Herzlichen Dank für Deinen lieben Brief und die guten Wünsche, die Du darin aussprichst! Auch ich gedenke Deiner viel und in alter Freundschaft, zum Schreiben aber ist es bei der wachsenden Arbeit und der Abnahme der Kräfte (meine rechte Hand ist seit 16 Monaten ganz dienstunfähig, und ich kann nur noch die linke gebrauchen) seit Jahren nicht gekommen. Daß Dir die Ehre, coresp. Mitglied der R. As. Soc. zu werden, zugedacht war, erfuhr ich schon vor Jahresfrist von Mr. Cust, dem Du allein dafür Dank schuldest. Ich hatte seine Aufmerksamkeit schon vor längerer Zeit auf Dich gelenkt, und vermuthlich hat er Dich auch aufgesucht. Er hat gern seine Hand in Allem, ist Vorstandsmitglied von allen möglichen gelehrten und religiösen Gesellschaften, ist äußerst gefällig, aber hastig und nicht immer discret. Als Mitglied bekommst Du das Journal der R. As. Soc. (durch Trübner) gratis, hast keinen Beitrag zu zahlen. Im Journal findest Du eine Mitgliederliste; doch werde ich Vance [?] bitten, Dir eine solche separat zu schicken.

Ich bin nicht Mitglied der Gesellschaft, werde aber sehr viel consultirt. Deine Abhandlung, die durch Cust's Hast in die Hände der R. As. Soc. gefallen, für die sie gar nicht bestimmt war, ist von Dr. Frankfurter[125] übersetzt, und die Correctur von mir besorgt worden (leider ohne Dein Ms., sonst hätte ich manche Änderung vorgenommen).[126] Der Übersetzer hätte, wenn er nur die geringste Bekanntschaft mit mongol. und russischen Namen gehabt hätte, wenigstens die Consonanten der englischen Aussprache anbequemen sollen. Ich habe alles das unverändert lassen müssen, weil der

---

124   Robert Needham Cust (Cockayne Hatley 21. Febr. 1821–27. Okt. 1909 London), Administrator, Missionar und Orientalist. Vgl. Peter Williams: Cust, Robert Needham. *Biographical Dictionary of Christian Missions*, ed. Gerald H. Anderson. New York: Macmillan Reference USA, 1998, 162–163.

125   Oskar Frankfurter (Hamburg 23. Febr. 1852–1. Okt. 1922 Hamburg), Linguist, Thaiist. Er veröffentlichte zusammen mit Childers List of Pâli manuscripts in the Bodleian Library. *Journal of the Pali Text Society* 1.1882, 30–31 sowie ein *Handbook of Pâli; being an elementary grammar, a chrestomathy, and a glossary*. London: Williams 1883.

126   On the present state of Mongolian researches. In a letter to Robert N. Cust, Esq., Hon. Sec. R.A.S. *JRAS* 14.1882, 42–65.

Änderungen sonst zu viele geworden wären. Die Abhandlung ist meisterhaft und wird stets maßgebend bleiben.

Alle meine Zeit und Kraft sind durch meine Amtsgeschäfte in Anspruch genommen. Es ist geradezu lächerlich, in wie verschiedenen Richtungen ist thätig zu sein habe: Beschaffung neuer Bücher, Ordnen und Catalogisiren der Tausende von Drucken in den Sprachen Indiens, die jährlich von dort einlaufen, literar. und geschäftl. Correspondenz, Abgebung von schriftl. Gutachten über wissenschaftl. Fragen (eine meiner Hauptaufgaben), Revision der indischen Banknoten, und dazu zahllose und sehr zeitraubende Besuche von Leuten, die die Bibliothek benutzen wollen. Da muß ich oft meine Geschäfte früh zu Abends zu Hause besorgen, und für mein Steckenpferd, die Sprachen der asiatisch-australischen Inselwelt, bleibt mir blutwenig Zeit. Auch habe ich seit 10 Jahren endlose und schwere häusliche Sorgen, deren Ende noch gar nicht abzusehen ist. Möge Dir Derartiges fern bleiben in diesen Jahren und für immer!
In steter treuer Freundschaft und Verehrung
Dein R. Rost

12
12. Novbr. 1883

Mein lieber Freund,
Es ist Dir wohl bekannt, daß Trübner eine Serie Simplified Grammars publicirt, deren Leitung ich nach dem Tode Palmer's[127] in die Hand genommen habe. Nun halten wir es für sehr wünschenswerth, daß auch eine Skizze der mongol. Grammatik (etwa 80 bis 120 Druckseiten dieses Formates) in derselben erscheinen, und wenden uns vertrauensvoll an den einzigen Gelehrten, der eine solche verfassen könnte. Glaubst Du, daß Du darauf würdest eingehen können? Die Sache ist eine Liebhaberei von Trübner, und an einen großen oder nur mittelmäßigen Absatz nicht zu denken. Doch würde er gern zehn Guineen für das Manuscript bezahlen; auch würde das Buch nur mit Deinen eigenen (den Wagnerschen) Typen zu drucken sein. Das Englische würde ich gern redigiren.
Mit herzlichem Gruß
Dein alter Freund
R. Rost

Professor Dr. B. Jülg
Innspruck
Austria

---

127 Edward Henry Palmer (Cambridge 7. Aug. 1840–10. Aug. 1882 Sinai), Orientalist; seit 1871 Professor des Arabischen in Cambridge. Er wurde auf einer Expedition im Sinai ermordet. Ab Bd. 7 gab Rost die Reihe heraus.

Namenregister

Weitere Bücher desselben Verfassers im Verlag BoD

Carl Graf von Klinckowstroem (1884–1969). Schriftenverzeichnis des Technikhistorikers, Wünschelrutenexperten, Okkultismuskritikers und Bibliophilen.
Norderstedt: BoD 2015. 328 S. ISBN 978-3-7386-3872-1

Newspapers on the Mind – Around the World. The IFLA Round Table on Newspapers (RTN) 1989 – 2009.
Norderstedt: BoD 2017. 296 S. 4° ISBN 978-3-7460-1431-9 |

Julius Kurth (1870–1949): Briefe an den Dichter Börries von Münchhausen (1874–1945).
Norderstedt: BoD 2017. 135 S. ISBN 978-3-7460-3033-3

Julius Kurth (1870–1949): „Autogramme" und Fabeln für Börries Frhr. von Münchhausen. Bibliophile Scherze.
Norderstedt: BoD 2017. 99 S. ISBN 978-3-7460-5997-6

(mit Christine Bell) *Mein inniggeliebter Louis!*
Postkarten an den Elsässer Louis J. Stoffer (1889–1956), Hamburg und Tacoma. Ein Mosaiksteinchen zur Familien- und Auswanderungsgeschichte.
Norderstedt: BoD 2018. 136 S. 4° (dt. u. engl.) ISBN 978-3-7460-9487-8

Br. Berchmans Brückner SVD und die *Ars Sacra Pekinensis*. Briefwechsel mit dem Kunsthändler Walter Exner (1911–2003)
Norderstedt: BoD 2018. 166 S. ISBN 978-3-7528-2085-0

Walther Heissig (1913–2005). Aus dem Nachlaß des Mongolisten und Ethnologen – Nachlaßübersicht – Briefwechsel mit Erich Haenisch, Lajos Ligeti, Käthe Uray-Köhalmi, John R. Krueger und Erik Haarh.
Norderstedt: BoD 2018. 219 S. 4° ISBN 978-3-7481-8070-8

Statehood in the Altaic World. Proceedings of the 59th Annual Meeting of the Permanent International Altaistic Conference (PIAC), Ardahan, Turkey, June 26–July 1, 2016. Norderstedt 2018. ISBN 978-3-7528-0263-4

Johann Redowskys Reise von Irkutsk nach Kamtschatka (1806–1807) im Auftrag der Akademie der Wissenschaften. Das wissenschaftliche Tagebuch des Forschers – Botanik – Geologie – Ethnographie der Jakuten und Tungusen.
Norderstedt: BoD 2019. 163 S. ISBN 978-3-7481-8897-1

George Robert Loehr jr. (1892–1974) und die Forschung über die Pekinger Jesuitenkünstler. Quellen und Materialien in deutscher Sprache In Verbindung mit Marion Steinicke herausgegeben.

Norderstedt: BoD 2019. 489 S.   ISBN 978-3-7494-1070-5

Walther Heissig: *Aus dem Nachlaß II:*
Briefwechsel mit György Kara, Herbert Franke, György Hazai und Alice Sárközi
sowie aus den Anfängen der Altaistenkonferenz (PIAC). – Katalog mongolischer
Blockdrucke in London.
Norderstedt: BoD 2019. 217 S.   ISBN 978-3-7392-1883-0

Zur klassischen poetischen Literatur Chinas. Leitfaden zu den Übersetzungen
und Rezensionen von Erwin von Zach (1872–1942).
Norderstedt: BoD 2019. 324 S. ISBN 978-3-7412-1017-4

Neue Rückschau auf ein arbeitsreiches Leben. Hartmut Walravens zum 75sten:
Thematisches annotiertes Schriftenverzeichnis. Mit Einleitung und Registern.
Bibliographie – Bibliotheken – Zeitungen – Erotica – Normung – China – Japan
–Altaistik – Mandschurei – Mongolei – Tibet – Rußland.
Norderstedt: BoD 2019. 236 S. ISBN 978-3-7481-0861-0

Verzeichnis der Veröffentlichungen von Professor Dr. Martin Gimm.
Norderstedt: BoD 2020. 48 S. 4° ISBN 978-3-7431-6665-3

Franz Blei (1871–1942), Carl Georg von Maassen (1880–1940) und Hans von
Müller (1875–1944) im Briefwechsel. Auch ein Mosaiksteinchen zur E. T. A.
Hoffmann-Forschung.
Norderstedt: BoD 2020. 168 S. ISBN 978-3-7504-9525-8

Jean Pierre Abel Rémusat (1788–1832). Zu Leben und Werk eines Wegbereiters
der Ostasienwissenschaften. Norderstedt: BoD 2020. 153 S. ISBN 978-3-7519-
3088-8

Julius Klaproths (1783–1835) Briefe an den Orientalisten und Erfinder Paul
Ludwig Schilling von Canstadt (1786–1837). Samt Schreiben an den Sinologus
Berolinensis sowie Ergänzungen zum Schriftenverzeichnis Klaproths.
Norderstedt: BoD 2020. 100 S. 4° ISBN 978-3-7519-8420-1

(mit Albert König:) *Roter und gelber Papagei (Ara macao und Psittacula*
krameri, gelbe Mutation) am Kaiserhof in Peking.
Norderstedt: BoD 2020. 44 S. 4° ISBN 978-3-7526-2644-5

[Hrsg.] *Der Traum meines ganzen Lebens: Die epochale Amerika-Reise*
Alexander von Humboldts.
Norderstedt: BoD 2021. 274 S. ISBN 978-3-7526-8932-7

Stanislas Julien (1797–1873): Wissenschaftliche Korrespondenz über China mit
Schilling von Canstadt, Klaproth, Endlicher, Gabelentz, und A. von Humboldt.
Norderstedt: BoD 2021. 110 S. ISBN 978-3-7526-4182-0

Charles Carrington (1867–1921). Bibliographie eines Pariser Verlags.
Bearbeitet von Howard Guacamole. Revidierte Ausgabe.
Norderstedt: BoD 2021. 485 S. 4° ISBN 978-3-7543-0563-8

Die Potsdamer Porträtmalerin Anna Bernhardi (1868–1944), eine frühe Sinologin.
Tagebuch-Fragmente von ihrem Aufenthalt in Tianjin und ihrer Tätigkeit als Mädchenschullehrerin 1905–1912.
Norderstedt: BoD 2021. 187 S. ISBN 978-3-7557-3632-5

Wilhelm Alexander Unkrig (1883–1956): *Kleine Arbeiten zur Mongolistik und Tibetologie.* Bearbeitet und herausgegeben von Hartmut Walravens. – *W. A. Unkrigs Korrespondenz mit Johannes Schubert (1896–1976).* Herausgegeben von Manfred Taube †
Norderstedt: BoD 2022. 198 S. 4° ISBN 978-3-7557-9708-1

Books on Demand (BoD)
In de Tarpen 42, 22848 Hamburg
Tel.: +49 (0)40 53 43 35 11
EMail: info@bod.de